Dorothee Rehder

Geschäftlich in Asien?
<u>Ein</u> Whisky reicht da nicht!

Erlebnisse einer tapferen Sekretärin

Dorothee Rehder

Geschäftlich in Asien?
<u>Ein</u> Whisky reicht da nicht!

Erlebnisse einer tapferen Sekretärin

Bibliografische Information der Deutschen Nationalbibliothek: Die Deutsche Nationalbibliothek verzeichnet diese Publikation in der Deutschen Nationalbibliografie; detaillierte bibliografische Daten sind im Internet über dnb.dnb.de abrufbar.

© 2023 Dorothee Rehder

Herstellung und Verlag: BoD – Books on Demand, Norderstedt

Lektorat: Karolina Schucht

Coverdesign: Vernessa Himmler

ISBN: 978-3-756-884018

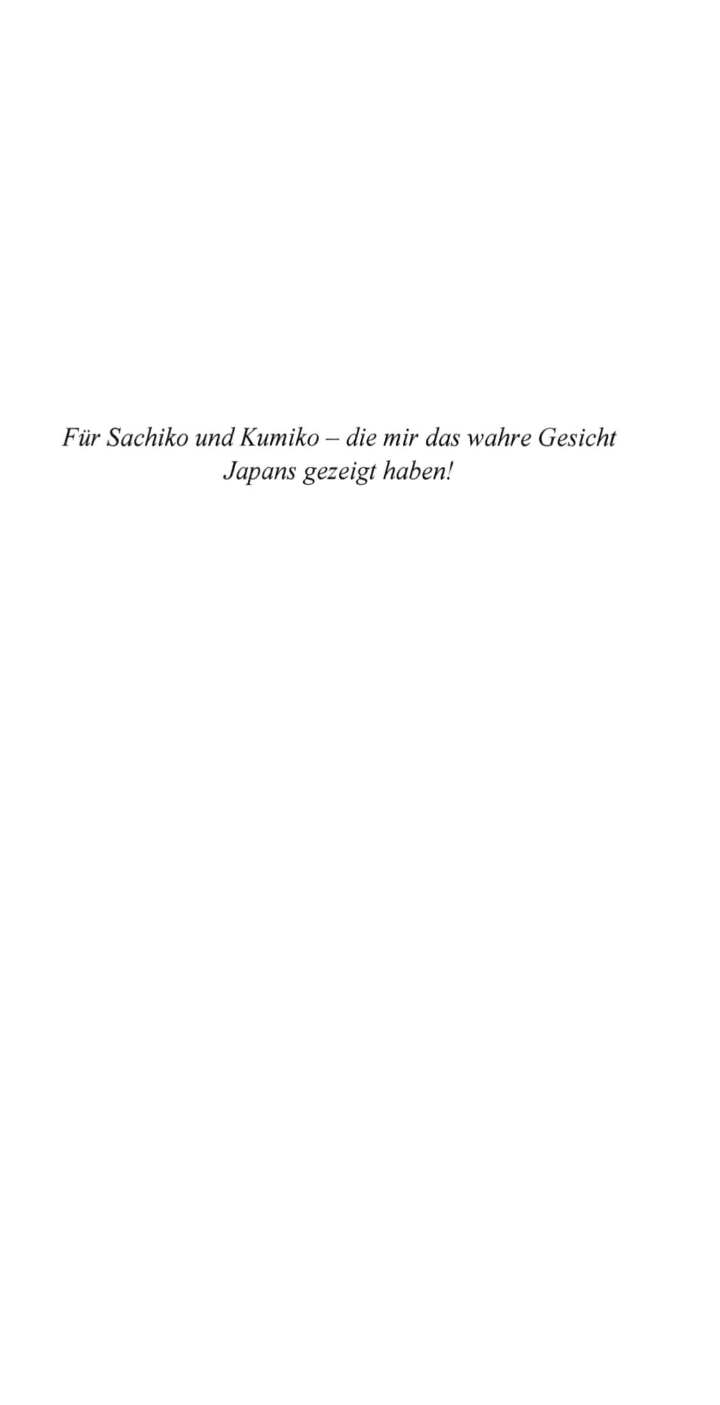

*Für Sachiko und Kumiko – die mir das wahre Gesicht
Japans gezeigt haben!*

Inhalt

Vorwort einer tapferen Sekretärin

Bei diesem Büchlein handelt es sich um eine Zusammenfassung unerwarteter Ereignisse, die ich zwischen 1988 und 2014 während meiner Arbeit in japanischen und koreanischen Unternehmen erlebt habe. Die meisten davon sind hier vor Ort in Deutschland passiert, nur Geschichte 1 (*Narita – Die Realität wartet nicht*) und Geschichte 26 (*Tony?*) sind mir in Japan *widerfahren*. Es ist kein Ratgeber im klassischen Sinne, sondern eine kleine Vorschau auf das, was Ihnen bei der Zusammenarbeit mit den hier behandelten Kulturkreisen unverhofft zustoßen kann.

Mit meinen Erlebnissen möchte ich dazu beitragen, dass es nicht ganz so überraschend für Sie kommt, sollten Sie einmal in eine für Sie nicht nachvollziehbare Situation geraten. Wenn Sie diese 27 Kapitel lesen, werden Sie manchmal schmunzeln und sich fragen, ob ich das vielleicht nur erfunden habe. Manche Kapitel werden Sie etwas ernster nehmen, weil Sie eventuell schon Ähnliches erlebt haben – aber verwirrt werden Sie bestimmt bis zur letzten Seite sein. Seien Sie jedoch versichert: Sie sind nicht allein!

1. *Narita* – Die Realität wartet nicht!
(Japan)

Es war 05:00 Uhr morgens und ich hatte nach einem neunstündigen Flug soeben am *Narita International Airport* in Tokio die *747* aus Frankfurt verlassen. Trotz der durch den Jetlag bedingten Müdigkeit war ich sehr aufgeregt. Ich war damals siebenundzwanzig Jahre alt, und von einem japanischen Kollegen gebeten worden, der Tochter eines Freundes in Tokio bei der Vorbereitung auf einen englischen Redewettbewerb zu helfen. Sie war fünfzehn Jahre alt und nach Ansicht ihres Vaters reichten ihre Sprachkenntnisse nicht aus, um den Wettbewerb erfolgreich mitzumachen oder vielleicht sogar zu gewinnen. Im Jahre 1991 fand es niemand außergewöhnlich, mich deswegen auf die Reise zu schicken. Heute wäre es wegen der fortgeschrittenen Globalisierung sicher mit einer Lehrkraft vor Ort oder *Online* organisiert worden. Vielleicht hatte ich auch einfach das Glück, zur rechten Zeit am rechten Ort zu sein. Mein Kollege und ich waren uns sympathisch, sein Freund in Tokio brauchte englischsprachige Unterstützung für seine Tochter und ich war Feuer und Flamme, die Gelegenheit nach Japan zu reisen, wahrzunehmen!

Überraschenderweise war mein Koffer bei der Gepäckausgabe, gleich nach der großen, beigen Tasche mit dem Pokémon-Aufkleber, einer der ersten auf dem Laufband. Kurz darauf hatte ich auch meine leider nun leicht eingerissene, hellgraue Reisetasche vom Laufband gezerrt. Einer zügigen Fahrt ins Hotel stand nichts mehr im Weg. Theoretisch. Der Kollege aus der Niederlassung meines Unternehmens vor Ort hatte, wie er mir schon kurz nach der Landung mitteilte, es leider nicht geschafft, rechtzeitig das Meeting zu verlassen und wie verabredet, mit dem obligatorischen *„Welcome to Tokyo"*- Schild neben der Gepäckausgabe, zwischen dem Blumenladen und dem *Duty-free-Shop*, auf mich zu warten. Aber damit hatte ich gerechnet. Der Ablauf japanischer Meetings war mir gut bekannt. In der Hamburger Niederlassung meines Unternehmens war ich oft genug Zeugin gewesen, wie deutsche Kollegen schimpfend den Konferenzraum verlassen hatten, weil es wieder einmal zu lange gedauert hatte. Aber dazu mehr im Kapitel *Meetings – die Zeit…*

Ich sah es einfach positiv, denn er *würde ja gleich da sein*, wie er mir versichert hatte. Inzwischen konnte ich mich ein wenig umschauen, ohne mich zu weit vom Treffpunkt zu entfernen. Der Koffer war zwar schwer, aber bis zum *Duty-free* sollte ich wohl kommen. Auf dem Weg dorthin fiel mir eine ältere Japanerin auf, die direkt auf mich zukam. Wie am Flughafen von Tokio nicht anders zu erwarten, war es sehr voll, aber irgendwie würden wir beide uns schon aneinander vorbeischlängeln können. Ich wurde dann aber doch etwas nervös, denn es schien nicht, als wolle sie ausweichen. Sie hatte mich ebenfalls gesehen, kam jedoch weiter zielstrebig auf mich zu und wich etwaigen Hindernissen dabei problemlos aus. Sie musste doch bemerkt haben, dass ich mit den schweren Taschen wenig Bewegungsmöglichkeiten hatte!

Ein wenig besorgt um mein ca. 1,60 Meter großes Gegenüber war ich inzwischen schon, denn als ich das letzte Mal widerwillig mein Gewicht kontrolliert hatte, hatte ich fast 75 kg hinnehmen müssen. Was in den folgenden Sekunden passierte, sorgte deshalb bei mir für starke Verwirrung:

Die ältere Dame war direkt in mich hineingelaufen, kurz stehen geblieben, hatte mich angesehen, dann wortlos abgedreht und unbeirrt ihren Weg fortgesetzt!

Wie konnte es dazu kommen? Glauben Sie mir, nach spätestens zwei Wochen wird Sie so ein kleiner Zwischenfall nicht mehr aus der Ruhe bringen.

Mein Blick schweifte nun hoffnungsvoll in Richtung des *Meeting Point*, wo ich einen mittelgroßen, blonden Herrn erblickte, der suchend ein Schild mit dem Namen meiner Firma über die Köpfe der Menge hielt. Endlich! Nach gegenseitiger Bekanntmachung, er stellte sich als Richard O'Keefe vor, und der für mich nicht überraschend kommenden Information, dass ein Stau in Tokio etwas anderes war als in Hamburg, machten wir uns endlich auf den Weg Richtung Hotel. Auf der Fahrt dorthin machte mich Richard auf Besonderheiten der Stadt aufmerksam. Mein erster Eindruck war der eines organisierten Gewühls von hetzenden Menschen, hupenden Autos und flackernder Straßenreklame. Um viele Fragen zu stellen, war ich jedoch zu erschöpft. Morgen würde ich einen guten Freund meines Vaters, Alexander von Twer treffen, der in einer Reederei arbeitete und in Tokio geboren war.

Ihn würde ich fragen, weshalb die Frau mich so offensichtlich ignoriert hatte.

Am nächsten Morgen erwachte ich genauso müde, wie ich ins Bett gegangen war. Natürlich war dies vor allem durch den *Jetlag* bedingt, aber auch die flackernden Reklametafeln direkt gegenüber meines Hotelfensters hatten ihr Übriges getan. Mit Alexander war ich um 10:00 Uhr verabredet. Wir wollten zusammen frühstücken und um 12:00 Uhr würde mich der besagte japanische Freund meines Kollegen abholen. Alexander war bereits etwas eher gekommen und saß mit der *Asahi Shinbun* (japanische Tageszeitung) in der Hand an einem schönen, kleinen Tisch direkt an einem großen Panoramafenster mit Blick über die riesige Stadt. Der Frühstücksraum lag im 4. Stock. Ich bewunderte ihn dafür, dass er sogar eine komplette japanische Zeitung lesen konnte. Während meines einjährigen Japanisch-Intensivstudiums an der *Universität Hamburg* hatte ich selbst es auf nur circa 200 Schriftzeichen gebracht. Um eine Zeitung lesen zu können, mussten es mehrere tausend sein!

Während unseres westlichen Frühstücks, bestehend aus Pancakes, Rührei, Schinken, Kaffee, Orangensaft und Toast, kam ich auf die ältere Dame zu sprechen. Ich war sehr gespannt, was Alexander sagen würde! Vielleicht war sie tatsächlich einfach nur mit den Gedanken woanders gewesen?

Um es kurz zu machen: Sie gehörte ganz offensichtlich der Generation an, in deren Jugend es nur wenig, bis gar keine Ausländer in Japan gab. Diese Zeit hatte sie also geprägt … Ausländer waren für sie schlicht und ergreifend nicht existent. Früher nicht und heute, na ja, Sie ahnen es schon. Was es nicht gibt, kann nicht im Weg sein. Etwaige Kollisionen also ausgeschlossen. Oder sind Sie, egal welchen Alters, schon einmal freiwillig gegen eine Tür gerannt? Ausländer existierten für sie nicht. Punkt.

Schwer zu glauben, aber wahr. Fragen Sie Ihre Kollegen vor Ort. Die werden alle ihre eigene unglaubliche Geschichte erlebt haben. Traut sich nur keiner, sie zu erzählen. Es würde sowieso niemand glauben.

Fazit:
Die Verwirrung kennt keine Grenzen.

2. Der Geburtstag
(Südkorea)

Es ist wirklich schwierig, manche Dinge, die täglich in einem asiatisch geprägten Umfeld passieren, glauben zu können. Sie sind einfach nach westlichem Verständnis zu verwirrend. Nehmen wir den Geburtstag meines koreanischen Chefs eines kleinen, international erfolgreichen Unternehmens in Hamburg. Sehen Sie, hier fängt es schon an: Kleine, international erfolgreiche Unternehmen aus Korea gibt es nicht, und wenn, sind sie nur ganz kurz klein.

In Südkorea hat jeder Kollege im Büro seinen eigenen Bereich, für den er – und nur er – zuständig ist. Während meiner Zeit mit den Koreanern habe ich mich gefragt, wie es kommt, dass man sich nicht gegenseitig unterstützt. Der Kauf eines Geburtstagsgeschenks für den Geschäftsführer hatte mich dies hinterfragen lassen …
Als einzige deutsch denkende Mitarbeiterin, in der Funktion der Assistentin und Übersetzerin in einem asiatisch geprägten Umfeld, habe ich viel gelernt und glauben Sie mir bitte: Vergessen Sie den Rest der Welt und seine Gepflogenheiten. Sie werden genug

damit zu tun haben, hier und jetzt Ihr bisher angenommenes Weltbild zu verteidigen.

Aber zurück zum Geburtstagsgeschenk: Aus Deutschland stammend, war es für mich als Assistentin bisher üblich gewesen, zum Geburtstag für Kollegen ein angemessenes Geschenk zu besorgen. Nun also für den Chef. Wie in großen Teilen Asiens üblich, spielt jeder Geschäftsmann Golf. Sollten Sie diesen Sport noch nicht für sich entdeckt haben, ist jetzt, kurz vor Ihrer Reise oder sogar mehrjährigen Entsendung, der Zeitpunkt gekommen, darüber nachzudenken.

Zwei Tage vor dem Geburtstag hatte immer noch niemand an das Geschenk gedacht. Ich ergriff also die Initiative und ging in ein Buchgeschäft im Einkaufszentrum ein paar Straßen weiter. Ein wunderschöner Bildband mit dem Titel „*Bilder der 100 exklusivsten Golfclubs der Welt*", wie zum Beispiel in *St. Andrews* in Schottland, sprang mir sofort ins Auge. Genau so etwas hatte ich mir vorgestellt! Dazu besorgte ich noch eine stilvolle Karte und ein Päckchen Edelkaffee. Perfekte Idee, richtig? Falsch. Als ich nach der Rückkehr ins Büro stolz mein Geschenk präsentierte, warf die Buchhalterin mir einen beleidigten Blick zu. Wie ich dann von Herrn Kim (Verwaltung) erfuhr, erstreckte sich mein Aufgabenbereich leider nicht auf das Kaufen von Geschenken. Die Buchhalterin war zuständig, hatte aber bisher keine Zeit gehabt, eins zu besorgen. Lieber gar kein Geschenk, als dass es jemand kauft, der nicht zuständig ist. Schon gar nicht ich als einzige Nicht-Koreanerin. Ok, zu Deutsch gedacht. Ich wollte niemandem seinen Job wegnehmen oder irgendeine Autorität untergraben. Kaufte eben sie noch schnell das Geschenk.

Einem asiatischen Vorgesetzten ein passendes Präsent zu besorgen, ist jedoch ein schwieriger, nicht zu unterschätzender Vorgang. Dass ich nicht zuständig war, hatte sich ja nun geklärt. Das Buch musste ich leider wieder zurückbringen. Den Kaffee behielt ich. Die Karte wurde dann aber doch gerne genommen. Es wollte dann nur leider niemand zuerst unterschreiben. Diese „Verantwortung" wollte keiner übernehmen! Zum Glück gab es ja die deutsche Übersetzerin. Sollte sie durch nicht angebrachten Text das Gesicht verlieren, war es ja egal, sie verstand sowieso den Ernst der Lage nicht. Unser gemeinsames Geschenk sollte stattdessen in einem Blumenstrauß bestehen. *Blumen?* Ich kenne kaum einen Mann, der sich ehrlich über Blumen freut.

Andererseits steht auf dem Schreibtisch meines Chefs eine wunderhübsche rosafarbene Orchidee … Während seines Geschäftsessens im *Überseeclub* war es dann auch viel einfacher, den Strauß schnell und heimlich zusammen mit der Karte auf den Schreibtisch zu legen, dem sich unter normalen Umständen niemand einfach so genähert hätte. Niemand wollte vom Chef dabei ertappt werden, ungefragt sein Büro betreten zu haben! Eine Vase war nicht vorgesehen.

Die Mittagszeit war vorbei. Zu meinen – wie gesagt – präzise festgelegten Aufgaben gehörte es, für die ranghöchste Autoritätsperson das Büro hinter ihm ab-, beziehungsweise vor ihm aufzuschließen. Was lag auf dem Tisch? In diesem Moment befanden sich zwischen dem asiatischen und europäischen Gesichtsverlust nur die Blumen. Keiner da. *Nur der Chef, ich und die Blumen ohne Vase.* Glücklicherweise hatte ich noch die meisten Kollegen überreden können, zumindest ihren Namen auf die Geburtstagskarte zu schreiben. Aber auch das rettete nichts mehr. Ein Grunzen zeigte mir zumindest, dass der gute Wille unsererseits erkannt worden war. Wie Sie sicher irgendwann feststellen werden, kann dieser Laut vieles bedeuten, es war also Vorsicht geboten. So schnell und würdevoll es ging, verließ ich mit der leeren Tasse des Morgenkaffees das Büro, um eine Vase zu holen.

Zwei Stunden später. Nach reichlich Bedenkzeit hatte der Chef entschieden, sich für die Blumen mit dem Spendieren von Kuchen zu bedanken. Peinlich – denn sein Kuchen würde teurer werden als unsere Blumen. Also: Bitte alle um 16:30 Uhr zu ihm ins Büro kommen! Diesmal war ich klüger und nahm die koreanische Buchhalterin zum Kuchenkauf mit. Da kann ja sonst so viel schiefgehen, wenn man nicht zuständig ist! Der Bäcker kannte uns bereits und war sich darüber im Klaren, dass jetzt ein wenig Geduld gefragt war. Ein so wichtiges Ereignis wie der Kuchenkauf zum Geburtstag eines Vorgesetzten dauert seine Zeit… Ich hielt mich da ganz raus. Es wurden dann zehn Stückchen für zehn Personen. Gut gerechnet.

Zurück in der Firma stieg die Ratlosigkeit. Wie sollte der Kuchen serviert werden? Plastikteller oder Porzellan? Tee oder Kaffee oder beides? Wo sollte das alles stehen? Und vor allem: *Wer* geht als Erstes ins Büro und stellt alles auf? Während wir uns zögernd mit fünf beladenen Tabletts den engen Gang Richtung Büro bewegten, war unsere kleine Gruppe einer Herde Gnus nicht unähnlich, die auf dem Weg zu besseren Weidegründen den Fluss mit den vielen Krokodilen überqueren muss. Keiner wagte den ersten Schritt in das elegante Büro hinein. Glauben Sie mir, die Autorität eines Vorgesetzten ist in der

Zusammenarbeit mit asiatischen Kollegen ein Faktor, der bei *jeder* Entscheidung unbedingt angemessen berücksichtigt werden muss. Also, wer öffnete die Tür und betrat als Erster das Büro? Ein Gnu musste zuerst springen. Ich öffnete resolut die Tür und die Neue aus der PR-Abteilung wurde hineingedrängt. Verbeugen, verbeugen, verbeugen. Ich sah schwarz für das Tablett mit den Obsttörtchen. Schon unter normalen Umständen war es wegen seiner Größe schwer zu manövrieren.

Da ich die Tür aufhielt, betrat ich als letzte das Büro. Niemand sagte etwas oder wagte Blickkontakt. Die Frauen fingen an, hektisch den Tisch zu decken. Was nun folgte, erinnerte mich eher an eine Beerdigung als an eine fröhliche Geburtstagsrunde. Kein Ton. Keine Bewegung.

„Vielen Dank für den Kuchen.“

Einer muss ja etwas sagen, dachte ich, und schenkte ihm einen Kaffee ein. Unbedingt daran denken: Vorgesetzten wird immer zuerst eingeschenkt! Ich möchte mich nicht selbst loben, aber ich bin überzeugt, mein Golfbuch hätte das Eis zumindest etwas auftauen lassen. Nun hatten wir gar kein richtiges Geschenk. Stattdessen fing der Chef an, Konversation zu betreiben. Antworten ohne Blickkontakt. Keine Regungen. Leider verstand ich nur wenig. Es war vielleicht auch besser so, denn die

Situation entbehrte nicht einer gewissen Komik und es fiel mir schwer, in diesem Moment ernst zu bleiben. Sich in Situationen wie diesen zu beherrschen, kann jedoch den Unterschied zwischen einem guten und einem schlechten Geschäftsabschluss bedeuten.

Das Abräumen ging dann ganz schnell.

Fazit:

1) *Man sollte nicht zu voreilig handeln!*
2) *Zuständigkeiten anderer beachten und respektieren!*
3) *Immer die Beherrschung behalten!*

3. Der ägyptische Geschäftspartner
(Südkorea)

Ägypten? Ägypten liegt nicht in Südostasien. Auch nicht im Abendland. Trotzdem hat es mir zu einem ganz besonderen Tag mit meinem koreanischen Kollegen Herrn Kim (Verwaltung) verholfen.

Die Post war gekommen. Hierunter befand sich ein Päckchen von einem Kollegen unserer Niederlassung in Frankfurt. Ein beiliegender Brief mit dem Absender C. Kim enthielt die Bitte, einen sich ebenfalls im Päckchen befindenden versiegelten Brief der Größe DIN A5 an einen zurzeit in der Stadt weilenden ägyptischen Geschäftspartner persönlich weiterzuleiten.

Ich sah auf den zu übergebenden Brief. Die Anschrift seiner Firma war in Ordnung, leider jedoch sein Name falsch geschrieben. In Ägypten bestehen die männlichen Namen traditionell neben dem Vornamen auch aus mehreren aneinandergereihten Namen der väterlichen Vorfahren. Ich sah sofort, dass es hier in der Reihenfolge eine Verwechslung gegeben hatte. Nichts einfacher, als kurz Frankfurt mitzuteilen, uns alles noch einmal korrekt adressiert zuzusenden, dachte ich. Die deutsche Assistentin vor Ort versprach, sich so schnell wie möglich darum zu kümmern.

Bitte bedenken Sie: Hier im Büro war ich die einzige Deutsche. Es war mir deshalb zu jeder Zeit klar, dass alles, aber auch alles falsch oder zumindest anders verstanden werden konnte. Auch in diesem Fall sollte es wieder so sein. Wie konnte ich mich nur so in Sicherheit wiegen, nur weil man in Frankfurt auf deutscher Seite das Problem erkannt hatte!

Am nächsten Tag hielt ich das korrigierte Schreiben in den Händen. Der Name war nun in Ordnung. Bei der Weiterleitung des Schreibens an den Ägypter, Herrn Said, musste ich mich an Herrn Kim (Verwaltung) wenden. Der Fahrer war mit dem Chef unterwegs. An dieser Stelle müssen Sie wissen, dass der Name Kim ungefähr dem deutschen Äquivalent Schmidt oder Meier entspricht. Zusammen mit Lee ist es der häufigste Name in Korea. Unser Herr Kim (Verwaltung) nahm also den Brief von Herrn C. Kim aus Frankfurt und machte sich auf den Weg zu der besagten Firma. Bevor er jedoch losfuhr, um den Brief schnellstmöglich zu überbringen, bat er mich noch, kurz im Unternehmen anzurufen, ob Herr Said im Moment auch anwesend sei. Ein Anruf von mir –

16

er war da – alles klar. Herr Kim nickte und machte sich auf den Weg.

Alles klar? Nichts war klar. Zwanzig Minuten später stand Herr Kim wieder vor mir. *Mit Brief!*

„Er war nicht da." Nicht da? Wir hatten doch extra gefragt. Nein, er (Herr Kim) sei extra ins Hotel gefahren – er sei garantiert nicht da gewesen.

„Herr Kim! Wieso Hotel?" Diese Frage stelle ich mir heute noch. Vielleicht wieder zu Deutsch gedacht. Eine knappe halbe Stunde später stand Herr Kim dann aber wieder stolz vor mir: Der Brief war überbracht. In die Firma. Wunderbar.

In diesem Moment, Herr Kim stand noch vor mir, klingelte das Telefon: Der Assistent des ägyptischen Geschäftsmannes war dran. Unsere Empfangsdame hatte zu mir durchgestellt, weil sie keine Ahnung hatte, was los war.

„Herr Said möchte Vize-Chef Kim sprechen." Vize-Chef Kim? Ich schluckte. Der dritte Herr Kim im Spiel! Ich musste jetzt blitzschnell kombinieren! Der Assistent wollte nicht Vize-Chef Kim sprechen! Der wusste von nichts. Herrn Kim (Verwaltung) wollte er schon gar nicht sprechen. Nicht wichtig genug. Er wollte überhaupt niemanden sprechen, der Kim hieß. Jedenfalls nicht bei uns. Ich fragte vorsichtig nach, um was es ging, schien jedoch

für eine umfassende Antwort ebenfalls nicht wichtig genug zu sein. Also bitte: Vize-Chef Kim. Dieser war inzwischen der Einzige, der in gnädiger Unkenntnis der Lage an seinem Schreibtisch saß und nicht ahnte, was gleich über ihn hereinbrechen würde.

„Herr Kim (Verwaltung), gehen Sie schnell zu Vize-Chef Kim und erklären ihm alles!"
Während ich durchstellte, versuchte ich zu retten, was zu retten war.

„*Yes?*" Wieso wirkte Vize-Chef Kim immer, als sei er gerade erst aufgewacht?

„*I have got a call for you from Mr. Said.*"

„*Did he mention my name?*" Vize-Chef Kim hatte den Namen nie gehört und schien mir jetzt doch ein bisschen wacher zu sein.

„*Yes, he did mention your name.*" Ich legte auf. Spannende zehn Minuten vergingen. Dann kam Herr Kim (Verwaltung) strahlend wieder zurück.

„*Er wollte sich bei Vize-Chef Kim entschuldigen.*" Entschuldigen? Bei Vize-Chef Kim? Wofür?

„*Dass er zweimal fahren musste, um den Brief zu überbringen.*"
Sehen Sie, was ich meine? Es entstehen Situationen, die einfach völlig unerwartet und verwirrend sind.

18

Herr Kim (Verwaltung) singt übrigens im Chor. Deshalb singt jetzt Vize-Chef Kim auch im Chor. Weiß er nur nicht.

Fazit:
Nichts – egal wie logisch – voraussetzen!

4. Der Fahrstuhl
(Südkorea)

Haben Sie sich schon einmal über die korrekte Nutzung eines Fahrstuhls Gedanken gemacht? Nein? Ich auch nicht. Es gibt ja im Grunde auch keine Probleme, die bei der Nutzung entstehen könnten, korrekte Wartung vorausgesetzt. Höhenangst bei Fahrstühlen mit Glaswänden, wie bei uns, soll im Moment nicht das Thema sein.

Wie bereits erwähnt, war ich die einzige Mitarbeiterin deutscher Nationalität und Mentalität im Unternehmen. Ab und zu kam ich mir ungemein wichtig vor, denn ich war ja diejenige, die die vor Ort gesprochene Sprache am besten beherrschte. Besonders an regnerischen Tagen konnte einen diese Tatsache ein bisschen motivierter stimmen. Aber zurück zum Fahrstuhl.

Im dritten Obergeschoss sein Büro zu haben, kann unerwartete Probleme hervorrufen. Bei uns gab es auf jeder Etage zwei Büros; macht bei drei Etagen sechs Büros. Unter normalen Umständen wird man in jedem Fahrstuhl die entsprechende Beschilderung vorfinden, welches Büro in welcher Etage liegt. Bei uns war diese Tatsache leicht verschoben. Nur unser Nachbar gegenüber, eine Rechtsanwaltskanzlei, hatte dieses Schild neben seinem Namen auf beiden Seiten der Nummer 3 im Fahrstuhl installiert. Fünf Parteien also ohne Schild. Niemand im Haus schien sich daran zu stören. Nachdem sich aber wiederholt mehrere unserer Besucher, Koreaner und Deutsche, beschwert hatten, wir seien schwer zu finden, galt es eines Tages jedoch, neben der 3 ebenfalls *unser* Namensschild anzubringen.

Asien und Europa treffen aufeinander. Asien: Das Schild muss sofort her. Europa: Morgen ist auch noch ein Tag. Der Rechtsanwalt gegenüber war außerdem unwillig, das gerade erst angebrachte Schild schon wieder abzumontieren. Mit einem Rechtsanwalt zu diskutieren, wer hier nun im Recht war, gestaltete sich schwierig. Also: Alles schriftlich. Der Anwalt machte den ersten Schritt. *„Dear Sir, we have already contacted the landlord and will solve the problem. Please don't worry.“* Punkt.

We did worry. Hier kam der Einsatz von Herrn Kim (Verwaltung). Er wurde beauftragt, dem Anwalt auf Englisch zu antworten. Wie sich dann herausstellte, schien ich jedoch die Einzige zu sein, die es schaffte, einen Brief in korrektem Englisch zu verfassen. Dies war einer der wichtigsten Gründe gewesen, mich einzustellen.

Herr Kim: „Können Sie mal antworten: ‚Schönen Dank für die Initiative'?" Na klar. Ich bedankte mich also in dem Brief höflich, dass der Anwalt so freundlich gewesen war, bereits Schritte einzuleiten, um die Veränderungen zeitnah zu veranlassen.

Nun war die deutsche Ausdrucksweise von Herrn Kim leider nicht immer perfekt. Im Laufe der nächsten zwei Stunden stand er immer wieder vor mir:

„Der Brief ist zu höflich." Ok, ich kann auch unhöflich, dachte ich, und wies noch einmal verschärft darauf hin, dass wir uns wegen diverser Beschwerden seitens unserer Kunden in Zeitnot befanden.

„Der Brief ist zu unhöflich." Gut, die englische Sprache bietet ja eine große Vielfalt linguistischer Feinheiten.

„Trotzdem zu höflich." Wer verstand hier nun wen falsch? Die Lösung erschien in Person von Frau Sun, die perfekt Deutsch sprach. Laut ihrer Aussage sollte ich unserem Nachbarn nicht für die Kooperation danken, sondern er sollte zusehen, dass er sein Schild sofort abmontiert und wir *unseres* somit anbringen können. Aha.

Der Hausmeister befand sich zurzeit im Weihnachtsurlaub, wusste also von nichts. Jede Art zügiger Aktivität war somit vertagt.

Man muss bedenken, dass die gesamte Korrespondenz auf Englisch stattfand. Von einer Deutschen an einen Deutschen in zwei verschiedenen Büros, die sich fünf Schritte gegenüberlagen, in denen auf beiden Seiten außer mir keiner gut genug Englisch konnte, um einen detaillierten Brief zu verfassen. Aber ich mach` ja alles mit.

Die Fakten:

1) *Wir sehen: Anwalt hat Schild – wir haben keins.*
2) *Besucher finden uns nicht, kaum zu glauben, aber wahr. Ich stelle mir vor, wie es wäre, das Büro im 47. Stock zu haben.*
3) *Anwalt erhält mündliche Beschwerde von uns.*
4) *Anwalt kontaktiert Vermieter.*
5) *Anwalt teilt uns dies auf Englisch (welches außer mir niemand gut spricht) schriftlich mit.*
6) *Wir antworten auf Englisch (welches außer mir immer noch niemand gut spricht).*

Die endgültigen Feinheiten wurden von Herrn Kim (Verwaltung) übernommen. Wer hat nun versucht wem, was, wie, in der angeblich für alle am einfachsten zu verstehenden Sprache mitzuteilen? Ich kann nicht erwarten, nach Weihnachten wieder ins Büro zu kommen! Der Hausmeister macht hoffentlich gerade einen Englischkurs…

Montag, 7. Januar 2013: Unser Schild ist da! Die aller anderen Parteien auch!

Fazit:
Auch einfache Dinge dauern meist länger, als man es für möglich hält!

5. Flug *LH 2049* nach München
(Südkorea)

Ich bin sicher, dass einige von Ihnen mir zustimmen werden: In einem neuen Unternehmen einzelne Kolleginnen und Kollegen gut kennenzulernen, braucht seine Zeit. Vor allem in Asien. Dies sollte mir während meiner Probezeit in einem koreanischen Unternehmen wieder drastisch klar werden.

An dieser Stelle möchte ich einmal erwähnen, dass ich bei der Lösung eines Computerproblems nicht unbedingt die erste Ansprechperson in meinem Bekanntenkreis bin. Ich kann nicht genau sagen warum, aber bei der Bedienung eines Computers erfasst mich immer ein gewisser Anflug von Panik, je nachdem, ob es sich um das Ändern eines Datums in einem Brief an die Hausverwaltung oder die Berechnung von Anwaltsgehältern in einer Excel-Tabelle handelt. Mich packte also ein leichtes Gefühl des Unwohlseins, als ich gebeten wurde, für einen Besucher an seinem Abreisetag *mal schnell* einen elektronischen *Boarding Pass* auszudrucken. Das *mal schnell* machte mich nervös…
Mit der Assistenz einer polnischen Mitarbeiterin des *Lufthansa* Service-Centers gelang es mir jedoch, besagtes Ticket zu drucken. Ich war ihr sehr dankbar.

Vielleicht ist es nicht besonders nett von mir, aber ich finde, man kann in gewissen Dingen nur sich selbst vertrauen. Vor allem im Arbeitsleben lassen sich hierdurch Probleme vermeiden. Auch an diesem Dienstagnachmittag sollte sich das wieder bestätigen. Voller Stolz legte ich die Tickets für jeden gut sichtbar auf meinen Schreibtisch. An diesem Abend würde Herr Kim (Verwaltung) zuständig sein, den Besucher zum Flughafen zu bringen.

Wie eingangs erwähnt, dauert es meist eine Zeit, Kollegen gut kennenzulernen. Da ich bereits zwei Monate Teil des Teams war, glaubte ich, die einzelnen Charaktere relativ gut kennengelernt zu haben. Acht Wochen? Asiatische Kollegen kennenlernen?

Kurz nach dem Mittagessen lief Herr Kim auf meinem Weg in die Küche eilig Richtung Ausgang an mir vorbei.

„Ich hab' die Tickets für Sie!", rief ich. Man muss an dieser Stelle kurz erwähnen: Herr Kim ist immer etwas hektisch und leicht zerstreut.

„Habe ich schon, ich muss los!"
Die Tür knallte hinter ihm ins Schloss. *Habe ich schon, ich muss los?* Ich muss zugeben, ein wenig traurig war ich schon, mein Werk jetzt nicht präsentieren zu können. *Aber gut, dann ist ja alles klar. Ich geh' dann jetzt nach Hause*, dachte ich. Sie

erinnern sich? Acht Wochen. Ich bin von Natur aus eher der optimistische Typ.

Seit Wochen hatte ich meiner Freundin Heddi versprochen, mich endlich einmal bei ihr zu melden. Gesagt, getan. Wieder zu Hause setzte ich mich in meinen gemütlichsten Sessel und wählte ihre Nummer. Bald waren wir im schönsten Gespräch über alles, was für Frauen im Allgemeinen und uns im Besonderen wichtig war. Um eingehende Gespräche nicht zu versäumen, haben wir zu Hause die Anklopf-Funktion am Telefon installiert, die sofort anzeigt, wenn jemand versucht, uns zu erreichen. *Klopf, klopf, klopf, klopf, klopf.* Zuerst konnte ich dies ignorieren – jetzt war Heddi dran und wenn jemand etwas von mir wollte, musste er's eben später noch einmal probieren. *Klopf, klopf...* Zum Glück hörte Heddi ja nichts… Das Mobiltelefon klingelte. Und klingelte. Und klingelte. Ich blieb hart. Wer etwas von mir wollte, sollte warten, bis Heddi und ich aufgelegt hatten. Leicht gesagt. *Klopf, klopf. Klingel, klingel.*

„Heddi, ich rufe gleich mal zurück, irgendwer versucht, mich dringend zu erreichen."

Ich glaube, ich muss Ihnen nicht sagen, was passiert war: Herr Kim hatte die Tickets nicht.

„Sie haben doch gesagt, Sie haben sie!!!" Ich war wirklich böse, aber hauptsächlich verwirrt: Wieso sagte er, er habe die Tickets, wenn er sie nicht hatte? Wie gesagt: Die Tatsache, in einem Zeitraum von acht Wochen Asiaten richtig kennenzulernen ist nicht nur zu optimistisch, sondern wird niemals zutreffen. Glauben Sie es mir einfach. Es ist ebenfalls zu optimistisch zu glauben, ich wüsste, dass besagte Tickets vom technischen Standpunkt aus nicht mehr als einmal ausgedruckt werden konnten …

Was war passiert? Herr Kim hatte entdeckt, dass die Tickets ja doch bei mir lagen, auf dem Schreibtisch meines immer gut abgeschlossenen Büros. Nur der Chef besaß einen Zweitschlüssel. Nun muss man aber wissen, dass dieser als Respektsperson von der entstandenen Problematik niemals erfahren durfte. Vor Beendigung des gemeinsamen Dinners mit dem Besucher in einem Restaurant in der Nähe unseres Büros mussten sich die Tickets in der Tasche von Herrn Kim befinden. Es gab nur eine Lösung.

Während der durch Schienenersatzverkehr nun 29-minütigen U-Bahn-Fahrt zurück in die Innenstadt wurde ich mir der Komik der Situation immer bewusster: Ich als Deutsche hatte als Einzige einen Schlüssel für mein Büro. Herr Kim, zuständig für die

Tickets, unser Fahrer sowie der amerikanische Fahrer des koreanischen Besuchers, erwarteten meinen Schlüssel und mich in der Küche. Nach zwei Minuten hatte Herr Kim seine Tickets. Der Chef, zurzeit ja beim gemeinsamen Dinner mit dem Besucher, würde nie etwas erfahren. Die zweite Schwierigkeit bestand jetzt aber darin, noch *vor* Beendigung des Dinners im Restaurant einzutreffen. Die Zeit war knapp geworden …

Hamburg ist groß. Und der Flughafen? Na ja, wissen Sie ja sicher selbst. Kennen Sie *Kamikaze*? Im ursprünglichen japanischen Sprachgebrauch der göttliche (kami) Wind (kaze), der in Form von zwei Taifunen im 13. Jahrhundert die mongolische Flotte *Kublai Khans* bei der Eroberung Japans scheitern ließ? Ich war froh, bei Herrn Kims Fahrt zum Restaurant nicht dabei sein zu müssen … Trotz allem haben es die drei noch rechtzeitig und unbeschadet zum Restaurant geschafft.

Sagt jedenfalls der amerikanische Fahrer.

Fazit:
Der Unterschied zwischen Vorurteilen (Asiaten zu durchschauen ist schwer) und Fakten (es ist tatsächlich so) ist kleiner als man denkt.

6. Dinner for One
(Südkorea)

08. Dezember 2013. Vielleicht verbinden auch Sie mit diesem Tag etwas Besonderes? Mir zeigte er wieder einmal, dass man seine Sprachkenntnisse unbedingt der vor Ort gesprochenen Art der Kommunikation anpassen muss. Auf jeden Fall sollte man davon ausgehen, dass der weltweit übliche Gebrauch der englischen Sprache manchmal auch zu wenig zufriedenstellenden Ergebnissen führen kann.

Vor einigen Tagen war einer der berühmtesten Südafrikaner, *Nelson Mandela,* gestorben. Man mag zu ihm stehen, wie man will – mir hat er eine ganz besondere Erfahrung beschert.

Am frühen Nachmittag kam Herr Kim (Verwaltung) zu mir herein und überreichte mir ein Fax, welches gerade angekommen war. Es handelte sich um die Mitteilung eines südafrikanischen Geschäftspartners, Mr. White, der uns davon in Kenntnis setzen wollte, dass am heutigen Abend zwischen 17:00 und 19:00 Uhr in seiner Firma ein Kondolenzbuch für *Nelson Mandela* ausliegen würde. Da der Terminkalender meines Chefs eng getaktet war, überbrachte ich ihm die Nachricht sofort.

„This is a note from Mr. White", begann ich.

„As you know *Nelson Mandela* died and Mr. White is inviting business partners to come and sign a book of condolence today between 5–7 pm."

Unser Chef sprang auf, griff nach Tasche und Mantel und rannte aus dem Zimmer. Im Hinauslaufen rief er mir noch zu, wieso ich denn nicht eher Bescheid gesagt hätte, dass er um 17:00 Uhr bei Mr. White zum Dinner eingeladen sei!! *Dinner*?

Ich wusste, ich hätte nicht so schnell sprechen dürfen …

Lassen Sie uns den Satz kurz analysieren. Was hatte er richtig verstanden? Mr. White und die Uhrzeit. Was hatte er gar nicht verstanden? Book of condolence und *Nelson Mandela*. Was hatte er falsch verstanden? *Dinner*.

Schlussfolgerung: Dinner um 17:00 Uhr bei Mr. White. In diesem Moment wurde mir wieder einmal klar, wie schnell es den Asien-Anfänger aus heiterem Himmel treffen kann. Wenn ich nicht schon länger mit Asiaten gearbeitet hätte, wäre ich vielleicht gar nicht darauf gekommen, dass *Mandela* (Betonung auf *-dela*) und *Dinner* ein ähnliches Klangbild besitzen. Ich rannte hinterher und rief dem Fahrer zu, er solle sich bitte nicht von der Stelle rühren. Wenn ein asiatischer Vorgesetzter jedoch sagt, *wir fahren los*, dann wird losgefahren. Der Fahrer war schon halb die

Treppe hinunter, Chef hinterher. Ich rannte so schnell es meine hochhackigen Schuhe zuließen hinterher und drückte ihm noch kurz vor dem Eingang zur Garage das Fax in die Hand. Sehen Sie was ich meine? Es kann Sie in den unerwartetsten Situationen ein linguistischer Fauxpas ereilen. Jede, und ich wiederhole, jede Situation kann im Chaos enden! Zum Glück hatten wir ja alles schriftlich....

Fazit:
Schriftliches vorzulegen ist immer besser als „mal schnell" etwas mitzuteilen.

7. **Tee**
(Südkorea)

Geben Sie es zu, diese Vokabel verbinden Sie doch sofort mit Asien. England und seine Kolonien sollen hier ja heute nicht das Thema sein. Es gibt Kamillentee, Hagebuttentee, Vanille-Rooibostee, Bratapfeltee, Ingwertee, Pfefferminztee, Blasentee, aber vor allem gibt es grünen Tee. Sollten Sie noch nie grünen Tee getrunken haben, würde ich empfehlen, es unbedingt zu üben. Ja, üben. Ohne Zucker.

Die meisten asiatischen Besucher, die zu uns kommen, antworten auf die Frage, was sie denn trinken möchten, wie aus der Pistole geschossen: grünen Tee. Die Aufgabe, dafür zu sorgen, dass immer genügend davon in der Küche zu finden ist, hat Herr Kim (Verwaltung).

Eines Nachmittags hatten sich für den nächsten Morgen kurzfristig koreanische Besucher angesagt. Herr Kim hatte eine Woche Urlaub. Aus Erfahrung bezüglich Herrn Kims Zuverlässigkeit ging ich in die Küche und überprüfte unseren Vorrat an Tee. Es waren noch vier Beutel da. Acht Personen wurden erwartet. Acht? Und vier Teebeutel? Meinen Vorschlag, heimlich jeweils zwei mit einem Beutel

zuzubereiten, behielt ich lieber für mich. Die Buchhalterin war die Vertretung von Herrn Kim. Ihr Deutsch war, wie das von Herrn Kim, recht lückenhaft. Ich: „Wir brauchen grünen Tee. Soll ich schnell welchen kaufen?" Sie: Nein, nicht nötig, macht sie. Ich: „Vielleicht können Sie ja zur Sicherheit morgen welchen von zu Hause mitbringen? So auf die Schnelle? Können Sie sich ja, wenn Herr Kim wieder da ist, zurücknehmen."
Fand ich eine gute Idee. Ich hatte leider zu Hause keinen.
Sie: „Nein."

Aha. Flexibilität ist keine asiatische Stärke. Bitte immer daran denken.

Die Besucher haben dann leider kurzfristig abgesagt. Ich kann Ihnen deshalb nicht sagen, was passiert wäre, aber man sollte für die Thematik „Grüner Tee und seine Bedeutung in Asien" definitiv sensibilisiert sein.

Fazit:

1) *In diesem Fall hat mich die nicht vorhandene Flexibilität tatsächlich etwas geärgert... (weil es so unwichtig war).*
2) *Es hat keinen Sinn, sich zu ärgern.*

8. Es weihnachtet
(Südkorea)

Es war der 20. Dezember 2013, ein Freitag. Einer der ersten Anrufe an diesem Morgen war der des Assistenten eines chinesischen Geschäftspartners, mit der Anfrage, wann denn der beste Zeitpunkt sei, persönlich ein Weihnachtsgeschenk für unseren Chef vorbeizubringen.

Nun befand sich unser Vorgesetzter zu diesem Zeitpunkt auf dem Rückflug von einer Geschäftsreise mit einer halben Stunde Aufenthalt in München. Mir blieb also ein Zeitfenster von dreißig Minuten, um ihn zu erreichen, bei ihm Gewünschtes nachzufragen und dann die Frage des Chinesen zufriedenstellend beantworten zu können. Ich bat zur Sicherheit extra meine Kollegin, Frau Jung, mich zu erinnern, ihn zwischen 16:15–16:45 Uhr in München anzurufen. Zu diesem Zeitpunkt war es etwa 15:30 Uhr.

Wie viele andere Firmen wollten auch wir dieses Jahr wieder Weihnachtsgeschenke verschicken. Diesmal sollten es originelle, bunte, koreanische, kleine Taschenkalender der Größe DIN A5 sein. An mich war die Aufgabe herangetragen worden, alle zu verpacken, mit Adressaufklebern zu versehen und sich dann darum zu kümmern, dass alles gut zur Post kam. Gut, es waren ja nur dreißig Stück. Aus mir unbekannten Gründen sollte jedes mit vier Aufklebern versehen sein, zwei auf dem Geschenk, zwei auf dem Umschlag. Das dauerte seine Zeit. Sie sollten dann als Büchersendung geschickt werden. Ist billiger. Mein Kollege, Herr Lee, war zuständig für den Versand und sollte sie zur Post bringen. In unserem Fall ein kleiner Kiosk direkt gegenüber. Sein türkischer Besitzer kannte uns schon, er war freundlich und immer sehr geduldig mit uns.

Unsere dreißig Büchersendungen zusammen mit der anderen Post und zwei großen Paketen nach Seoul waren dann doch sehr schwer. Herr Lee bat mich deshalb, ihm doch schnell zu helfen, die Sachen in die Tiefgarage zum Auto zu tragen. Um uns das Tragen zu erleichtern, tat ich die originellen, bunten, koreanischen, kleinen, jetzt gut verpackten Taschenkalender in eine große Kiste. Insgesamt waren es jetzt also drei. Eine davon würde ich tragen müssen. Ausgerechnet heute schleppte ich Kisten, wo ich doch anlässlich des nahenden Weihnachtsfestes meinen neuen roten Blazer angezogen hatte. Ausziehen ging nicht – die Bluse darunter war zu dünn. Wir schleppten die Kisten zum Fahrstuhl, in die Tiefgarage und fuhren zum Kiosk. Ja, fuhren. Zum Kiosk gegenüber. Zum Tragen war alles zu schwer.

36

Schön, das wären wir los, dachte ich und machte mich zu Fuß auf den Rückweg. Einmal kurz über die Straße und das war's. Sowas brauchte ich wirklich nur einmal im Jahr! Herr Lee blieb noch kurz da. Unser schwarzer Mercedes parkte vor dem Kiosk im Halteverbot.

Inzwischen war es 16:20 Uhr. Sie erinnern sich? Wir befanden uns bereits im Zeitfenster 16:15–16:45 Uhr. Mein Anruf! Ich nahm den Hörer auf und wählte die Nummer meines Chefs. In diesem Moment klingelte mein Mobiltelefon! Wie schön – ein privater Anruf, wenn auch gerade ungünstig! Den nehme ich noch schnell entgegen, bevor ich in München anrufe, dachte ich. „Hallo, ich bin Lee!" Wie oft hatte ich schon gesagt, es heißt *„Hallo, hier ist* …" daran gewöhnen Sie sich bitte schon mal. Es ist ja nicht schlimm, aber gut zu wissen, dass es viele Asiaten sagen. Das hat nichts mit schlechten Sprachkenntnissen zu tun. Es ergibt sich einfach aus der zu direkten Übersetzung.

„Haben Sie kurz Zeit?"

„Na ja, ich wollte gerade den Chef anrufen…"

„Ich brauche Ihre Hilfe, wir müssen alle Päckchen öffnen und neu verschließen!"

Öffnen und neu verschließen?? Weshalb? Schnell bat ich meine Kollegin Frau Jung, zum Kiosk gegenüber zu laufen und Herrn Lee zu helfen!

„Ich komme auch, muss vorher aber noch beim Chef in München anrufen.“

Zum Glück nahm er gleich ab. Bald war meine Frage beantwortet und der Geschäftspartner informiert. Dann rannte ich sofort hinüber zum Kiosk. Unser schwarzer Mercedes hatte inzwischen zumindest bei den vorbeikommenden Männern eine gewisse Aufmerksamkeit erregt. Eine große Traube hatte sich um ihn gebildet. Mein Blick fiel sofort auf Herrn Lee, Frau Jung und den freundlichen Kioskbesitzer. Ich seufzte und begann, ihnen beim Aufreißen der mit Klebeband gut verpackten kleinen, originellen – na ja, Sie wissen schon –, zu helfen. Herr Lee hatte die Büchersendungen, welche ja immer unverschlossen verschickt werden müssen, in letzter Sekunde vor Ort noch *ordentlich* verschlossen …

Während wir zu viert den Schaden wieder behoben, war ich leicht unruhig. Ich war mir sicher, unser Chef würde sich in dem sich ja jetzt bereits stark verkürzten Zeitfenster noch einmal melden. Aus welchem Grund auch immer. Gerade als ich das letzte Paket wieder verschloss, klingelte Herr Lees Handy. Herr Kim (Verwaltung) suchte mich, ich solle sofort kommen und den Chef anrufen! *Das war klar!* Der

Mercedes vor dem Kiosk war noch immer umringt von all jenen, die mit ihrer Weihnachtspost nicht mehr in den Kiosk gepasst hatten. Wir wühlten uns durch sie hindurch und fuhren so schnell wir konnten die sechzig Meter zurück. Als ich erneut die Nummer meines Chefs wählte, verlangsamte sich mein Puls bereits wieder ein wenig. Sein Anliegen war dann aber doch wichtig, denn ich sollte bitte auf keinen Fall vergessen, ein Gegengeschenk zu besorgen! Als Orchideenliebhaber hatte er an zwei dieser schönen Blumen gedacht. Da der Chinese gleich morgen früh vorbeikommen wollte, würde Herr Kim sich leider jetzt noch darum kümmern müssen (ja, auch hier war ich nicht zuständig – siehe Kapitel 2).

Ich packte langsam und etwas erschöpft meine Sachen ein, als mein Blick auf ein einsames Paket fiel. Ob es in Ordnung ist, wenn der Bürgermeister von Braunschweig seinen originellen, bunten, koreanischen, kleinen Taschenkalender erst nach Weihnachten bekommt?

Fazit:
In einem asiatischen Umfeld gilt Murphy's Law! (Was misslingen kann, wird misslingen!) Immer!

9. Bederu?
(Japan)

Ein japanischer Kollege, Herr Nakata, wohnt in *Bederu. Bederu*? Wedel.

Jedem Hamburger ist diese Stadt gut bekannt. Ich komme aus der Gegend, muss aber gestehen: Auch ich konnte es nicht einordnen, als ich *Bederu* zum ersten Mal hörte. Hier müssen Sie auf Ihre hoffentlich inzwischen ausgeprägte Fähigkeit, dreisprachig zu denken, zurückgreifen. Ebenso wichtig ist für Sie, die Denkweise dahinter zu verstehen. Die einzelnen Wörter sind nicht genug. Man muss lernen, sie in der für uns unlogischen Reihenfolge zu begreifen.

Als nach dem Zweiten Weltkrieg das besiegte Japan von den USA besetzt wurde, nahmen die Japaner mehr von der amerikanischen Sprache auf, als ihnen selbst bewusst war. Viele Wörter, für die es im Japanischen kein Pendant gab, wurden einfach so übernommen. Sollten Sie etwas auf Japanisch nicht wissen, versuchen Sie es mit dem englischen Wort und sprechen es japanisch aus. Oft erkennt man dann den Ursprung des Wortes. (Sararimen/salary man/Geschäftsmann) oder (yerroh/yellow/gelb). Immer mit einem gerollten „r". Die Bayern, Österreicher, Russen und die spanischsprachigen Länder sind also klar im Vorteil.

Es haben jedoch auch zwei japanische Wörter den Weg auf die Weltbühne geschafft. *Kashio* und *Godschiera*! Mehr dazu finden Sie im Anhang.

Um alles zusätzlich zu erschweren, endet im Japanischen jede Silbe mit einem Vokal, beziehungsweise einem unausgesprochenen „u". Ein Beispiel: *Kore wa neko <u>desu</u>* (Schreibweise). Übersetzung: Das ist eine Katze. Gesprochen wird es jedoch *Kore wa neko <u>des</u>.*

Da man sich meist beim Vokabeln lernen an der Schreibweise orientiert, wird bei der Übersetzung ins Deutsche das „u" wieder hinzugefügt und somit fälschlicherweise mit ausgesprochen.

Wenn ein Japaner mit Ihnen Deutsch spricht, müssen Sie zusätzlich davon ausgehen, dass das Ihnen im Moment unbekannt erscheinende Wort englischer Herkunft sein *könnte*.
Hierzu eine kleine Hilfestellung zur Aussprache:

Japanisch	**Englisch/Deutsch**
B	V/W
R	L
SCH	S oder Z
H (etwas gehaucht)	F

U (nur sehr schwach bis gar nicht betont)
N und die Vokale dürfen auch einzeln stehen

Vor allem, wenn mehrere dieser Buchstaben im gleichen Wort vorkommen, wird es schwierig. Nicht Verstandenes oder zu schwer Auszusprechendes wird oft ignoriert! Besondere Aufmerksamkeit sollten Sie der Tatsache widmen, dass jede Negation das Gegenteil von dem bedeutet, was Sie als Nicht-Japaner ausdrücken wollen! Dies kann auf beiden Seiten zu beträchtlicher Verwirrung führen. („Ja, wir haben keine Kirschen!"). Ironie ist ebenfalls fehl am Platz.
Zu Übungszwecken einige Beispiele für Sie. Die Auflösung finden Sie im Anhang des Buches.

1. Terra
2. Schingaporu
3. Kohi
4. Schidoni
5. Gorufu
6. Seta
7. Aisukurimu
8. Sakka
9. Bisa
10. hansamu
11. Sabissu

Bitte denken Sie daran, das „u“ am Ende eines Wortes gar nicht oder nur schwach zu betonen. Ich halte Punkt 6. übrigens für am schwierigsten. Bitte bedenken Sie ebenfalls, dass es sich bei der Umwandlung zurück in eine Ihnen bekannte Sprache sowohl um Englisch als auch Deutsch handeln kann! Mit der Zeit werden Sie aber geübt genug sein, um *banniera* (vanilla) von einer *Burire* (Brille) unterscheiden zu können. Mein absoluter Favorit ist *B-RAN* (WLAN)! Was mit *toiretto peepa* gemeint ist, finden Sie sicher ganz schnell selbst heraus …

Ich möchte an dieser Stelle ebenfalls kurz auf den Klassiker „Die Japaner sagen nicht *Nein*“ eingehen. In der Tat habe ich während meiner ganzen Zeit in Japan nie ein direktes „Nein“ gehört. Der Satz, welcher dem am nächsten kam, war: „It has not been decided“ oder „It needs to be discussed.“ Aha. Je nach Situation bleibt die Interpretation dieses Satzes ganz Ihnen überlassen. Leider entsteht aber auch dann eine Problematik, wenn Sie „Ja“ (hai) sagen, denn „hai“ bedeutet nicht, „Ja, ich habe verstanden“, „Ja, ich bin ganz Ihrer Meinung“ oder „Ja, ich stimme den Geschäftsbedingungen zu.“ Es bedeutet nur „Ja, ich habe gehört, dass Sie etwas gesagt haben.“

Auch die Körpersprache sollte nicht unterschätzt werden, denn hier kann es ebenfalls zu Problemen kommen. Gewöhnlich sind die Menschen westlicher Kulturen extrovertierter. Treffen diese nun auf japanischer Seite auf höfliche Zurückhaltung, wird dies leicht als Schwäche interpretiert. Gleich zu Beginn, zum Beispiel beim Händeschütteln, entsteht ein falscher Eindruck des Gegenübers, der nun im westlichen Unterbewusstsein vorhanden ist. Von deutschen Kollegen habe ich immer wieder von Meetings gehört, die niemals ein Ende nahmen. „Es redet immer nur der Chef, alle anderen nicken und man ist genauso klug wie vorher."

„Die machen auch immer so ein Pokerface", war die häufigste Aussage der westlichen Konferenzteilnehmer.

Geduld ist das Gebot der Stunde.

Die Anzeichen, an denen Sie Zu- oder Abneigung ablesen können, sind oft aber auch viel subtiler. Achten Sie zum Beispiel auf ein plötzlich scharf durch die Zähne eingesogenes „sssss …". In diesem Moment sollten Sie besonders aufmerksam werden, denn dies bedeutet Ablehnung Ihres gerade gemachten Vorschlages. Starke Ablehnung.

Besonders verwirrende Körpersprache war für mich zu Anfang das Heranwinken. Eines Tages wollte ich mit einer japanischen Kollegin, Frau Yamamori, in der Kantine zusammen essen. Wir trafen uns zur verabredeten Zeit auf dem Flur, sie grüßte kurz und machte zu meinem Erstaunen nach westlicher Interpretation eine verscheuchende Handbewegung in meine Richtung. Ich war leicht verärgert, da es schien, als wolle sie nun doch nicht mit mir essen gehen. Ich lächelte gequält und ging zurück in mein Büro.

Zwanzig Minuten später kam mein Kollege Christian von der Mittagspause zurück und tippte mir auf die Schulter.

„Wieso bist Du nicht mit Frau Yamamori zum Essen gegangen?"

Ich sah erstaunt auf.

„Sie wollte nicht. Sie hat es sich anders überlegt." Ich wiederholte die Handbewegung. Christian, in Tokio aufgewachsen, fing laut an zu lachen.

„Was Du mir da zeigst, ist die Geste, um jemanden zu bitten, herzukommen! Sie sitzt nebenan und ist genauso eingeschnappt wie Du, weil Du nicht mitkommen wolltest!"

Was wäre ohne Christian passiert? Frau Yamamori und ich hätten einen schlechten Eindruck voneinander bekommen und wären uns nun in

Zukunft nur wegen eines kleinen interkulturellen Missverständnisses aus dem Weg gegangen …

Sie werden ebenso Menschen begegnen, die auf dem Bahnsteig hockend auf die U-Bahn warten oder völlig vertieft mit dem Schirm ihren Golfabschlag üben, unbeeindruckt von den anderen Wartenden.

Sowohl Männer als auch Frauen haben oft einen eher schlurfenden Gang. Das mag damit zusammenhängen, dass das Tragen von Schuhen keine so große Rolle spielt. Ein Freund von mir behauptet „Guck Dir den Zustand der Schuhe an, dann weißt Du, ob Du einen Japaner vor Dir hast oder nicht!"

Fazit:
Ihnen ist etwas unklar? Lieber einmal mehr als zu wenig nachfragen!

10. Who is who?
(Japan)

Während Ihres Daseins als *Registered Alien* in Japan wird Ihnen früher oder später die *OL* aufgefallen sein. *OL*? *Office Lady*. Um es kurz zu machen: Sie bringt den Tee und das war's. In unserem Büro bin hauptsächlich ich die *OL*. Eine Kollegin vertritt mich, falls ich krank oder im Urlaub bin. Wenn die auch krank ist, ist Herr Sato, mein Lieblingskollege, der Verantwortliche. Er ist noch neu im Unternehmen. Einen Fachausdruck für männliche *OL*s kenne ich nicht. Herr Sato ist auch der Einzige, der mir bekannt ist.

Als nicht übermäßig emanzipierte Frau habe ich absolut gar keine Probleme damit, jemandem einen Kaffee oder wenn es sein muss auch Grünen Tee zu bringen. Einem Asiaten schon gar nicht. Nun ergeben sich hier jedoch manchmal nicht zu unterschätzende Probleme, welche auf beiden Seiten zum absoluten Gesichtsverlust führen können. Schenkt man einem weiteren Klischee Beachtung, sehen sich Asiaten auf den ersten Blick wirklich alle sehr ähnlich. Aber mal ehrlich, können Sie optisch einen Schweden von einem Belgier unterscheiden? Aha. Eine Mischung aus Kombination und Beobachtungsgabe Ihrerseits ist hier von großem Vorteil.

Vor kurzem hat Japan einen neuen Botschafter bekommen und er und sechs weitere Kollegen hatten kurzfristig ihren Besuch in unserem Unternehmen angekündigt. In meiner Funktion als *OL* war ich für den Kaffee zuständig. Einer Gruppe unbekannter Asiaten Kaffee servieren, ohne die Hierarchie zu kennen? Unmöglich! Wie in anderen Situationen auch, muss diese beim Servieren unter allen Umständen beachtet werden. Aus Versehen dem Assistenten zuerst eingeschenkt? Kündigungsgrund. Für mich zum Glück nicht, denn als Europäerin weiß ich es ja nicht besser. Den Winkel beim Verbeugen zu beobachten, wird mir nicht mehr viel nützen, denn wenn ich mit meinem Tablett in den Konferenzraum komme, sitzen ja schon alle. Trotzdem bereitete ich mich so gut es ging vor, und sah mir im Internet ein Bild des Botschafters an. Ok, alles klar, Besuch kann kommen. Die Ähnlichkeit untereinander war dann aber aus westlicher Sicht doch sehr stark.

Kurz bevor ich den Raum mit meinem vorbereiteten Kaffeetablett betrat, hauchte mir Herr Sato, der mir die Tür aufhielt, zu:

„Der Botschafter will grünen Tee!"

Was tut man mit einem Tablett mit zwölf Kaffeetassen, der Botschafter muss seinen zuerst bekommen, will aber Tee?!

„Sato-*san*, halten Sie fest!"

So vorsichtig wie möglich drückte ich ihm das Tablett
in die Hand, raste in die Küche, goss Tee auf und raste
wieder zurück. Keine Minute war vergangen. Herr
Sato öffnete die Tür und flüsterte: „Rechte Seite,
Dritter von vorne…"

Der Rest war dann ein Kinderspiel. Den über-
zähligen Kaffee konnte ich dann aber trotzdem gut
gebrauchen …

Fazit:

> 1) *Mindestens einen Verbündeten auf
>   asiatischer Seite zu haben, zahlt sich aus.*
> 2) *-san = sehr geehrte/r Frau/Herr*

11. Ein Engel mit Staubsauger
(Südkorea)

Sich als Einzige unter so vielen Asiaten zu befinden, ist manchmal schwieriger als man denkt. Als Einzige? Zum Glück nicht. Es gab ja noch Sonja. Sonja war unsere rumänische Müllentsorgungsfachkraft. Sie kam zweimal in der Woche, war herzensgut und verbreitete überall gute Laune. Sogar der Chef richtete freiwillig das Wort an sie und freute sich, wenn Sonja ihn fröhlich fragte, wie denn sein Wochenende gewesen sei, ob es seiner Frau gut gehe und der Hoffnung Ausdruck gab, dass seine Wurzelbehandlung doch nicht so schlimm war, wie man immer hört. Durch ihre Tätigkeit bedingt, war sie die Einzige die unseren Chef für eine kurze Zeit aus seinem Büro „vertreiben" durfte.

Sonja und ich bildeten ein Team. Wir auf der europäischen Seite, der Rest der Kollegen auf der koreanischen. Man ahnt gar nicht, was Rumänien und Deutschland plötzlich für viele Gemeinsamkeiten haben!

Sonjas Aufgabe habe ich ja bereits definiert. Meine wiederum bestand darin, dafür zu sorgen, dass sie nicht zwei Minuten vor Beginn eines Meetings anfing, im Konferenzraum zu saugen.

Letzten Dienstag gab es plötzlich einen Knall und alles war still. Staubsauger kaputt. Es war 09:23 Uhr. Um 09:00 Uhr begann Sonjas Arbeitszeit. Ruckzuck war diese nun um mindestens eine halbe Stunde (sonst bis 12:00 Uhr) verkürzt. Zum Glück sind wir ja nicht in einem handwerklichen Betrieb tätig, sodass es kaum auffiel, ob gesaugt war oder nicht. In Herrn Kims Büro (Verwaltung) fiel ein kaputter Staubsauger am wenigsten auf. Seine Ablage war über den gesamten Fußboden verteilt. Da reichte es, wenn man fragte, ob es während des Gesprächs ok sei, sich kurz auf die Einladungsliste für den Empfang zu stellen, die da lag. Meistens ging das in Ordnung, irgendwo gab es ja noch eine etwas undeutliche Kopie. Falls Sonja doch ein Fleckchen Teppich ausmachen konnte, war es nur ihrem Geschick zu verdanken, dass nichts zerfetzt im Staubsauger landete. Fast ein identischer Zustand herrschte bei der Buchhalterin. Neben circa sechs halb vollen Kaffeetassen türmte sich bei ihr allerdings alles auf dem Schreibtisch. Vielleicht ist das der Grund, weswegen mir vor Kurzem mein Gehalt zweimal überwiesen wurde…

Gestern kam Sonja freudestrahlend zu mir. Was war geschehen? Der Chef hatte ein Machtwort gesprochen. Er war durch alle Büros gegangen, um mal nachzusehen wie es so läuft, und ihn hatte der Schlag getroffen. Herr Kim und die Buchhalterin müssen jetzt aufräumen! Das glaube ich erst, wenn ich's gesehen habe! Die Kisten von der vorletzten Büromateriallieferung mit Toner für den Drucker stehen immer noch unausgepackt bei Herrn Kim im Büro. Da er für Dinge wie „Neuen Staubsauger kaufen" zuständig ist, hat Sonja nun erstmal eine Woche frei.

Fazit:
1) *Für mich keins.*
2) *Für die Koreaner: Der Chef erscheint auch mal unangemeldet!*

12. Können Zeitungen fliegen?
(Südkorea)

Ja, können sie.

Manche meiner Geschichten sind nur kurz, aber sie sollen ja auch nur andeuten, was alles in asiatischen Unternehmen möglich ist. Nehmen wir einmal die Lieferung der Tageszeitungen, in unserem Fall die *FAZ* und die *New York Times*. Je nach Wetterlage und Tagesform des Zeitungsboten fanden wir diese fast jeden Tag an einer anderen Stelle im Gebäude. Wie schon erwähnt, befanden sich in unserem Haus sechs Parteien, jede natürlich mit eigenem Briefkasten.

Der Zeitungsbote warf jeden Tag die Zeitungen entweder hinter die Tür im Hausflur oder legte sie auf das Treppengeländer. Der Briefkasten war für beide zusammen zu klein. Manchmal war nur eine Zeitung da, es lagen beide auf dem Treppengeländer, zusammen auf dem Fußboden hinter der Tür oder eben nur eine im Briefkasten. Manchmal war gar keine da. Die Tatsache, dass wir bereits mehrfach darum gebeten hatten, die Zeitungen direkt vor unser Büro zu legen, lasse ich hier außer Acht. Zu meinem Aufgabenbereich gehörte es, sie morgens mitzunehmen, und bei unserem Vorgesetzten auf dem Schreibtisch bereitzulegen.

Gestern war ein Tag, an dem es wieder nur eine Zeitung gab. Die *FAZ* fehlte. (Wie sich später herausstellte, hatte ich sie übersehen). Dies fiel sofort meinem Vorgesetzten auf. Er: „Wo ist die FAZ?" Ich: „Ist heute nicht gekommen". Er: „Doch, ich habe sie unten hinter der Tür liegen sehen."
    Ich: „…??"

Die Arbeitsbereiche sind klar definiert. Warum sollte er die Zeitungen aufheben, wenn er damit meine Arbeitsplatzbeschreibung durcheinanderbringt?

Fazit:
Der Chef ist der Chef …

13. Kann man Kaffee kauen?
(Südkorea)

Man kann. Wie schon im Kapitel „Tee" angedeutet, sind manche asiatische Nahrungsmittel für die westliche Welt nicht auf Anhieb unbedingt die erste Wahl oder überhaupt als solche zu erkennen. Seien Sie aber aufgeschlossen und flexibel.

Es war 09:02 Uhr. Am Tag zuvor war unsere Kaffeemaschine kaputtgegangen, sodass heute jeder sein eigenes bevorzugtes Heißgetränk mitgebracht hatte. Meine *Cappuccino Extra Strong*-Tütchen standen aber leider bei uns zu Hause im 3. O.G. neben dem Aquarium, wo ich sie gestern beim Tasche packen kurz abgestellt hatte.

Als ich in die Küche kam, war meine Lieblings-kollegin Frau Jung dabei, sich ein Instant-Pulver aufzubrühen. Auf Nachfrage erfuhr ich, dass es sich um eine koreanische, aus Reismehl und gemahlenen Maiskörnern bestehende Sorte handelte, die in Korea sehr beliebt sei (leider erinnere ich mich nicht an den Namen). Also war ich aufgeschlossen und flexibel.

Zuerst muss man es mit kaltem Wasser anrühren und dann heißes hinzufügen. Gesagt, getan. Ich weiß nicht, wie es Ihnen geht, aber ich finde, wenn der

Löffel beim Rühren in der Tasse stehen bleibt, ist definitiv nicht genug Wasser aufgegossen. Also, mehr Wasser und ordentlich rühren. Nun löst sich diese Sorte auch mit ausreichend Wasser nur schwer auf, aber wenn es zu viel wird, schmeckt es eben auch nicht mehr. Hier kommt jetzt Ihre Bereitschaft ins Spiel, um diese Uhrzeit kulinarische Neuheiten zu entdecken. Stellen Sie sich einen handelsüblichen Knödel vor. Keinen Speckknödel. Nass. In einer Kaffeetasse zermatscht. Dies entsprach ungefähr der Konsistenz meines Kaffees an diesem Morgen. Eigentlich schmeckte es wirklich gut, man durfte sich eben nur nicht vorstellen, dass man gerade einen Kaffee in der Hand hielt. Als kleiner Snack zwischendurch ist er aber durchaus zu empfehlen.

Fazit:

1) *Überraschungen immer wohlwollend gegenüberstehen.*
2) *Erwartungen werden nicht immer erfüllt.*

14. Kündigungen
(Japan)

Was dieses Thema betrifft, sollten Sie wissen:

Man kündigt auf keinen Fall selbst!
Zum ersten Mal wurde mir dies bewusst, als ich 1991 meine Stellung in der PR-Abteilung eines großen japanischen Elektroartikel-Herstellers zugunsten einer mich reizenden Position beim *NDR* kündigte. Entsetzt nahm mich mein Kollege Herr Sato an die Seite, um mir diesen Fauxpas auszureden. Sato-*san* war zwar Japaner, aber in Österreich aufgewachsen und sprach absolut fehler- und akzentfrei Deutsch. Sein gesamtes Leben hatte ihn die westliche Mentalität beeinflusst und geprägt. Ich war deshalb ein wenig irritiert, ausgerechnet von ihm zu hören, was es für ein Gesichtsverlust für alle Beteiligten sei, sollte ich tatsächlich kündigen.

In Japan bildet die Firma so etwas wie eine zweite Familie, die teilweise sogar die private Miete übernimmt und Clubbeiträge zahlt. Gemeinsame Abende werden regelmäßig erwartet. Aller westlichen Erziehung zum Trotz: Herr Sato war geborener Japaner und seine Mentalität würde immer eine japanische bleiben, Österreich hin oder her. Bitte seien Sie sich dessen bewusst, sollte ein Japaner Sie je glauben machen, er habe Sie verstanden!! (Fast) jeder noch so kaukasisch anmutende Japaner kann nicht aus seiner Haut.

Als Volk werden Japaner, aber auch Koreaner, gegenüber Ausländern immer zusammenhalten.
Diese sind *soto (jap. = außerhalb)* der Gesellschaft. Außenseiter in jeder Situation. Behörden, Privatpersonen oder Mitarbeiter eines Unternehmens – niemand darf jemals gegenüber einem Ausländer in irgendeiner Form sein Gesicht verlieren. (Einem englischen Kollegen wurde wegen eines Fehlers eines japanischen Mitarbeiters, mit dem er am selben Projekt gearbeitet hatte, gekündigt. Er war *soto…*)

Da Sie und ich die einmalige Gelegenheit, als Asiate geboren zu werden, verpasst haben, bleibt uns nichts anderes übrig, als immer wieder zu versuchen, die verschiedenen asiatischen Mentalitäten zu verstehen.

Ich arbeite noch immer daran...

Fazit:
1) *Die Denkweise **ist** eine andere.*
2) ***Niemand** wird den anderen je vollständig verstehen.*

15. Zehn Minuten im Leben eines Möbellieferanten
(Südkorea)

Idealerweise sollte jeder Mensch seinen Beruf mit einem mehr oder weniger großen Grad an Freude ausüben. Aus vielfältigen Gründen ist dies jedoch in der heutigen Zeit nicht immer der Fall. Egal, in welcher Position man tätig ist, mit unvorhergesehenen Ereignissen sollte man vor allem in einem asiatischen Umfeld jederzeit rechnen.

Ich möchte mich hier so einem unvorhergesehenen Ereignis im Arbeitsalltag eines Möbellieferanten zuwenden. Es war ein idyllischer Frühlingstag. Herr B., Zusteller einer großen internationalen Möbelkette, hatte den Auftrag bekommen, in einem koreanischen Unternehmen in der Innenstadt eine bestellte Kommode abzuliefern. Es war früh am Morgen und die erste Lieferung des Tages. Das Paket war nicht schwer oder sperrig. Herr B. würde es flugs im 3. Stock abliefern und montieren, um dann beim Bäcker seines Vertrauens sein wohlverdientes zweites Frühstück zu genießen. Soweit der Plan.

Bitte bedenken Sie im Folgenden, dass Herr B. wahrscheinlich bis zu diesem Zeitpunkt nur selten unmittelbar mit der koreanischen Mentalität zu tun gehabt hatte, und es sicher nicht auf der Liste seiner Prioritäten stand, sich hiermit regelmäßig auseinanderzusetzen. Guten Mutes drückte Herr B. die Klingel. Hektisch wurde die Tür geöffnet und der als Kontaktperson angegebene Herr Kim (Verwaltung) bat ihn herein. Der überaus freundliche Empfang bestätigte Herrn B., dass dieser Auftrag nicht nur zügig, sondern auch in freundlicher Atmosphäre erledigt werden würde. Es erwartete ihn jedoch ein besonderes Erlebnis.

Durch jahrelange Erfahrung war es für Herrn B. ein Leichtes, die Kommode fachgerecht in weniger als der geplanten Zeit zusammenzubauen. Zufrieden wandte er sich seinen Unterlagen zu, um den Empfang und die einwandfreie Montage der Ware bestätigt zu bekommen. Als er wieder aufsah, war er deshalb überrascht, statt eines zufriedenen Kunden einen ernst blickenden Koreaner vor sich zu haben, der auf dem Boden kniete, und eine Ecke der Kommode ausgiebig fotografierte.

Wenn Sie einen ersten Erfahrungsschatz der hier behandelten Mentalität gesammelt haben, werden Sie wissen, dass ein plötzliches Stirnrunzeln Ihres Gegenübers ein ernstes und vor allem langwieriges Problem für Sie bedeuten kann. Herr B. war nun also im Begriff, eine für ihn neue Erfahrung zu machen, denn Herr Kim blickte besorgt auf.

„Die Kommode ist leider defekt – wir können sie so nicht annehmen!"

Herr B. war verwirrt. *Defekt? Nicht annehmen?* Gerade war er wegen seiner Sorgfalt zum Mitarbeiter des Monats gewählt worden und nach eingehender Prüfung konnte er auch jetzt nichts entdecken, was eine Reklamation gerechtfertigt hätte. Als, wie schon mehrfach betont, einzig deutsch Denkende in meinem kollegialen Umfeld, wollte ich, wie so oft bisher, meiner Funktion als Bindeglied zwischen den Kulturen nachkommen, und der Ursache des koreanischen Unwillens auf den Grund gehen. Herr Kim und ich verstanden uns ja gut.

„Herr Kim, was gibt's? Stimmt etwas nicht?"

„Die Farben der beiden Türen stimmen nicht überein – wir können die Kommode so nicht akzeptieren. Im *Head Office* muss die Sache geprüft werden!"

Head Office? In Südkorea? Herr B. und ich warfen uns einen irritierten Blick zu. Wir hatten ebenfalls kurz die Türen einer genauen Inspektion unterzogen und waren zu dem Schluss gekommen, dass die leicht unterschiedliche Färbung durch die geringfügig abweichenden Maserungen des Holzes bedingt wurde. Somit hatten wir dieser Tatsache keine weitere Beachtung geschenkt. War eben Natur. Bei einem Preis von 86,95 Euro konnte das vorkommen.

Als ich nach einer krankheitsbedingten Abwesenheit von drei Tagen wieder ins Büro kam, war die Kommode nicht mehr da. Weg. 86,95 EUR. Herr B. wird es sich demnächst sicher zweimal überlegen, ob er als Mitarbeiter des Monats nicht doch seinen Kollegen das Ausliefern an gewisse Kunden überlässt.

Fazit:

1) *Es gab Momente, in denen ich mich fälschlicherweise zu sicher gefühlt habe – diese Situation **konnte** aus meiner Sicht keine Probleme hervorrufen!*
2) *Misstrauen in jeder Lage ist angebracht.*

16. Was haben Kronleuchter und Fehmarn gemeinsam?
(Südkorea)

Fehmarn ist eine wunderschöne Insel! Viel Strand, immer ein laues Lüftchen, eine hübsche weiße Promenade, nicht so teuer und vor allem nicht so überlaufen, wie man es von anderen deutschen Inseln teilweise kennt. So entschlossen mein guter Freund Wolf-Dieter und ich eines Tages, mit meiner koreanischen Lieblingskollegin Frau Jung einen Ausflug dorthin zu machen. Gesagt, getan. Es versprach, ein sonniger, warmer Sommertag zu werden. Gut gelaunt machten wir uns auf den Weg. Die Fahrt über die Fehmarnsundbrücke war für Frau Jung bereits ein Erlebnis. Wir begannen dann unseren Aufenthalt an Land mit einem Mittagessen in einem Fischrestaurant mit Blick auf das Meer. Wir freuten uns auf einen entspannenden Tag.

Es sollte anders kommen. In der heutigen Zeit ist es selbstverständlich, sein Telefon nonstop bei sich zu führen. In unserer Firma kam jedoch noch die Besonderheit dazu, dass außerhalb der Öffnungszeiten ein Mitarbeiter Bereitschaft hatte. Es sollte zu jeder Zeit jemand aus der Verwaltung für den Chef abrufbar sein und zur Verfügung stehen. Frau Jung hatte Bereitschaft.

Zurück zum Ausflug nach Fehmarn. Noch bevor der Nachtisch serviert wurde, klingelte das Handy. Der Chef! Der Rest des Tages ist schnell zusammengefasst: Er hatte vor Kurzem für sein Wohnzimmer einen edlen Kronleuchter gekauft. Kostenpunkt: Wusste keiner so genau. Problem: Er war nicht in Ordnung und Ersatz musste sofort her. Es wurden am nächsten Tag Gäste erwartet.

An dieser Stelle muss erwähnt werden, dass es sich an diesem Tag um einen Sonntag handelte. Da Frau Jung sich um den Erwerb des Kronleuchters gekümmert hatte, fiel die weitere Bearbeitung des Problems in ihren Zuständigkeitsbereich. Chef: „Das Problem bitte sofort beheben. Heute Abend muss alles in Ordnung sein!" Heute Abend? Wie schon in vorherigen Kapiteln beschrieben, ist der Vorgesetzte mit allergrößtem Respekt zu behandeln und seinen Wünschen ist sofort nachzukommen.

Wie Frau Jung es geschafft hat, am Sonntag die Besitzerin des Lampengeschäftes zu erreichen, kann ich nicht mehr sagen. Ich nehme an, sie war auf so einen Zwischenfall vorbereitet gewesen und hatte mit der Besitzerin im Voraus eine Abmachung getroffen. Nach einigen Telefonaten stand dann fest: Wir mussten sofort zurück! Das Geschäft würde vorübergehend ein ähnliches Exemplar zur Verfügung stellen, welches nun dringend abgeholt werden musste!

Bei Gelegenheit muss ich die Fahrt noch einmal, nur mit Wolf-Dieter wiederholen. Frau Jung ist inzwischen nach Südkorea zurückgekehrt. Vielleicht hat sie dann ja dort einmal Zeit, sich ein paar schöne Fotos von Fehmarn anzusehen…

Fazit:

1) ***Jederzeit*** *kann es anders kommen, als man denkt.*
2) ***Jeder*** *hat seinen Zuständigkeitsbereich (siehe Kapitel 2).*

17. Mein Freund, der Baum – mit Herrn Kim ist alles möglich!
(Südkorea)

Ob in Japan, Südkorea oder irgendeinem anderen Land der Erde – es ist weltweit bekannt, dass Bäume für unseren Planeten von großer Wichtigkeit sind. Ohne den brasilianischen Regenwald hätte die Menschheit sich schon lange um eine Möglichkeit zur Auswanderung auf den Mars kümmern müssen. Nach jahrzehntelangem Raubbau an den Wäldern, wird in zahlreichen Ländern nun seit einigen Jahren wieder aufgeforstet. Viele Leute möchten sich mit einem Bäumchen aber auch einfach nur ihren Garten verschönern...

Dies traf auch auf unseren neuen koreanischen Chef zu, dem daran lag, seinem Garten eine eigene Note zu geben, statt das von seinem Vorgänger geschaffene kleine Paradies zu übernehmen. So erhielt ich eines Tages einen Anruf von Herrn Pricke, seines Zeichens Gartenbauingenieur und Berliner Original.

„Ick soll ma' bei Ihren Chef vorbei kieken. Der will'n neuen Baum haben. Wann soll ick komm'?"

Ich wusste von nichts. Also, kurz Rücksprache halten und Termin vereinbaren. Gesagt, getan. Alles klar. Am besagten Datum würde man jedoch nur mit der Anwesenheit seiner Gattin rechnen können. Über ihre Deutschkenntnisse wusste ich zu diesem Zeitpunkt leider wenig. So nahm das Schicksal seinen Lauf…

Mein aktueller Stand der Dinge variierte immer ein wenig, je nachdem, wie oft Herr Kim (Verwaltung) zwischenzeitlich bei Herrn Pricke angerufen hatte. Auf Bitte der Dame des Hauses war er nun auch involviert. Meine letzte Information war gewesen, dass eine kleine Tanne an der Südseite des Gartens als Sichtschutz zu den auf der Straße vorbeilaufenden Fußgängern gepflanzt werden sollte. Von der letzten Weihnachtsfeier wusste ich, dass dies definitiv eine gute Entscheidung war. Das junge Bäumchen würde zuverlässig jegliche Art visueller Störung verhindern, und auf allen Seiten war genügend Platz, um sein zukünftiges Wachstum nicht zu behindern. Unser Chef war hochzufrieden.

Bis der Anruf kam.

„Juten Tach, hier spricht Pricke. Ick wollte nur Bescheid sagen, dass dat Loch neben die Terrasse fertig iss'. Iss' etwas tiefer jeworden, wejen die Wurzeln. Dat Vogelhäuschen musst' ick etwas versetzen!"

Loch? Terrasse? Vogelhäuschen? Wie ich mich erinnerte, stand das näher am Haus neben der Terrasse. Wieso *überhaupt* Terrasse? Ich stellte schnell durch zu Herrn Kim, der aufgrund der koreanischen Sprachkenntnisse und direkten Kommunikation mit der Gattin sicher Näheres wusste. Sie ahnen nicht, was passiert war! Obwohl Herr Pricke als zuständiger Fachmann und ich als Sprachrohr des Chefs alles exakt abgesprochen hatten, hatte Herr Kim in letzter Minute das Wort *Straße* mit *Terrasse* verwechselt, und die sich daraus ergebende Änderung so an den verwirrten Herrn Pricke weitergegeben. Die Gattin war davon ausgegangen, ihr Mann (zurzeit auf Geschäftsreise) habe noch schnell eine Änderung vorgenommen und durch Herrn Kim mitteilen lassen.

Wie erklärten wir jetzt (und vor allem, *wer?*) *den Chef von't Janze,* dass sein Tannenbäumchen immer noch nicht vor dem Zaun an der Südseite stand, sich nun aber stattdessen vor seiner Terrasse ein circa 1,20 Meter tiefes Loch (Fachjargon: „Pflanzgrube", Herr Pricke: „*Flanzjrube*") befand?
Leider war ich ab diesem Zeitpunkt nicht mehr involviert, sodass ich nicht sagen kann, wie es weiterging. Herr Pricke wurde bezahlt, und dann mir gegenüber das Thema *Flanzjrube* nie wieder

angesprochen. Wahrscheinlich wurde irgendwo ein koreanischer Gärtner organisiert.

Ich kann kaum die nächste Weihnachtsfeier abwarten!

Fazit:
1) *Nichts als <u>selbstverständlich</u> erledigt hin-nehmen!*
2) *Nichts als <u>korrekt</u> erledigt hinnehmen!*

18. Nehmen Sie es nicht persönlich...
(Japan)

Dieses Kapitel richtet sich allein an Manager*innen*, die dabei sind, eine Geschäftsreise nach Japan anzutreten. Als erfolgreiche Geschäftsfrau sollten Sie einen Moment innehalten und überlegen, was auf Sie in Japan allein durch die Tatsache, dass Sie eine Frau sind, zukommt. Fakt ist: Als Frau werden Sie nie so anerkannt werden wie ein Mann. Die Stellung der Frau ist einfach eine andere. Die Aufgaben der Geschlechter sind hier unterschiedlich definiert. Die Frau war und ist traditionell für alle auf das Haus beschränkten Tätigkeiten zuständig. Sogar das Schriftzeichen für „Frau" soll eine sich im Haus befindende Person darstellen.

Aber auch hier ging man über die Jahrzehnte hinweg mit der Zeit…

In der Geschäftswelt wird man in Japan kaum Frauen in führender Position finden und deshalb ausländische Unternehmerinnen leider nicht so respektieren, wie sie es gerne hätten. Vor allem in kleinen Unternehmen ist oft die einzige weibliche Person die der *OL* (siehe Kapitel *Who is who?*). Es war schon immer so, ist noch immer so und wird sich voraussichtlich auch in Zukunft nur langsam ändern. Nehmen Sie als interkulturell gebildete Geschäftsfrau es einfach so hin. Was also tun, wenn Sie als Frau eine Firma leiten und auf dem Weg nach Japan sind?

Die Antwort ist nicht politisch korrekt, aber einfach. Nehmen Sie sich einen in der Firmenhierarchie nur geringfügig unter Ihnen stehenden, männlichen Mitarbeiter an die Seite, der als Ihr „Sprachrohr" fungiert! Zu Beginn des ersten Treffens mit Ihrem japanischen Geschäftspartner werden Sie als erstes Ihre Visitenkarte überreichen. Jetzt kommt Ihr Mitarbeiter ins Spiel. Er sollte Sie noch einmal vorstellen, Ihren Rang hervorheben, und betonen, wie sehr Sie sich als Vertreterin ihrer Firma geehrt fühlen, hier sein zu dürfen. Während der Konferenz werden Sie Ihrem Kollegen immer wieder leise Stichworte dazu geben, was er in Ihrem Namen zur Sprache bringen soll.

Sie werden sehen, die Verhandlungen werden entspannter verlaufen und eine Menge Gesichter gewahrt bleiben. Vor allem Ihres. Sie haben die Größe besessen, sich selbst in den Hintergrund zu stellen, sich den Gepflogenheiten des Gastlandes anzupassen, und so dem Verhandlungspartner großen Respekt erwiesen. Die Tatsache, dass Sie sich vorher über diese Thematik Gedanken gemacht haben, wird Ihnen weitere Sympathien einbringen und den Abschluss Ihres Geschäfts garantiert positiv beeinflussen.

Fazit:
Political Correctness hat im internationalen Vergleich einen unterschiedlichen Stellenwert.

19. Shake, bow or both?
(Japan)

Die meisten Menschen aus westlich geprägten Ländern bekommen bereits unbewusst beim ersten Handschlag einen Eindruck ihres Gegenübers. Innerhalb von Sekunden haben Sie sich völlig irrational ein Bild des zukünftigen Gesprächspartners gemacht. Da diese Art der Begrüßung in Japan traditionell nicht üblich ist, kann es hierbei schon vor Beginn der Verhandlungen zu Vorurteilen kommen. Der Handschlag war zu lasch oder zu stark? Vor allem im Umgang mit Asiaten sollten Sie hier nicht zu früh urteilen.

Vor einigen Jahren habe ich eine Zeit lang einen japanischen Geschäftsmann, Herrn Ishii, in deutschen Geschäftsgepflogenheiten unterrichtet. Es begann mit dem Händeschütteln. Als wir uns zum ersten Mal trafen, hob er die Hand auf Schulterhöhe, um mich zu begrüßen. In diesem Moment wusste ich, womit das Training beginnen musste....

Versetzen wir uns einmal kurz in seine Lage: Sie stehen vor einem Japaner, wollen sich den Gegebenheiten vor Ort anpassen und verbeugen sich. Sie werden feststellen, dass Sie zu 99 Prozent noch Übung benötigen, denn viele Faktoren beeinflussen das korrekte Verbeugen. Der Wille war da, werden Sie jetzt vielleicht denken. Aber das kommt nicht immer gut an. Das Alter, der Titel, der soziale Status in der Hierarchie sowie die Wichtigkeit Ihrer Firma und des zu erwartenden Geschäftsabschlusses spielen eine Rolle.

Erinnern Sie sich an das Foto, auf dem der amerikanische Präsident *Barack Obama* zu sehen ist, wie er sich vor dem japanischen Kaiser *Akihito* und seiner Gemahlin tief verbeugt? Aus westlicher Sicht sicher eine passende Geste. Und aus japanischer?

Hier müssen wir einmal kurz in die Geschichte blicken. Wer ist Präsident *Obama* und wer ist Kaiser *Akihito*? In welchem Verhältnis stehen sie zueinander? Um es kurz zu machen: Der Präsident hat es dem kaiserlichen Paar schwer gemacht, das Gesicht zu wahren. Warum?

Die Fakten:

1) Der japanische Kaiser ist älter und verdient damit den allergrößten Respekt.
1 Punkt für ihn.

74

2) Der Präsident der Vereinigten Staaten ist Gast.
1 Punkt für ihn.

3) *Barack Obama* ist der Vertreter des mächtigsten Landes der Welt.
2 Punkte für ihn.

4) Der Kaiser spielt auf politischer Ebene kaum eine Rolle und hat nur repräsentative Verpflichtungen.
½ Punkt für ihn.

5) *Barack Obama* ist der Repräsentant desjenigen Landes, welches Japan mit der Atombombe im Zweiten Weltkrieg zur Kapitulation gezwungen hat!
100 Punkte für ihn!

Eine nur leichte Verbeugung auf beiden Seiten wäre der Situation angemessen gewesen.

Was will ich mit diesen beiden Beispielen sagen?

Sowohl Herr Ishii als auch der Präsident haben sich bemüht, sich den Landessitten entsprechend zu verhalten. Beides ist misslungen. Noch schwieriger wird es für alle Beteiligten, wenn die traditionellen Begrüßungsformen aufeinandertreffen. Der Japaner wird unsicher die Hand ausstrecken und der Europäer sich ungelenk verbeugen. Was dann?

Bleiben Sie bei dem international anerkannten Brauch des Händeschüttelns, welcher sich auch in der japanischen Geschäftswelt größtenteils durchgesetzt hat.

Fazit:

1) *Falls doch einmal nötig, verbeugen Sie sich nur andeutungsweise, alles andere wird misslingen.*
2) *Tun Sie dies selbstbewusst.*

20. Die Sache mit dem Gesicht…
(Japan)

Ich weiß, es gehört nicht hierher, aber ich möchte es an dieser Stelle trotzdem einmal erwähnen: Ich mag Tiere. Jeder Art. Vorausgesetzt, sie haben weniger als sechs Beine. Kängurus, zum Beispiel, gehören definitiv dazu. Nun sind Kängurus eine endemische Tierart, das heißt, sie kommen nur in einem bestimmten Lebensraum vor und nirgendwo sonst auf der Welt. In diesem Falle Australien. Man kann sie in einem Atemzug mit Galapagos-Schildkröten oder den Darwin-Finken nennen, die ebenfalls endemisch sind. Als Tourist ist man daher von diesen Tieren ganz besonders angetan. Sie bieten auch für einen asiatischen Geschäftsmann, der, wie schon deutlich gemacht, Geschäftsabschlüsse gerne auf dem Golfplatz diskutiert, ein ganz besonderes Ambiente. Kängurus auf dem Golfplatz? Hat man nur in Australien. Faunenverfälschung außer Acht gelassen. Je nachdem, ob man 9 oder 18 Loch zu spielen beabsichtigt, wird man am Ende der Runde eine mehr oder weniger große Menge an endemischer Natur an seinen Schuhen haften haben…

So erging es eines Tages meinem Kollegen, Herrn Ishii, der nach einem erfolgreichen Geschäftsabschluss mit seinem australischen Business Partner in Sydney noch zu einer Runde Golf auf den *New South Wales*-Platz, dem Hotspot der Golfszene im Land, eingeladen worden war. Sofort im Anschluss an das Spiel musste er einen Flug nach Auckland, Neuseeland, erreichen. Er hatte 18 Loch gespielt. Mit dem Ziel, rechtzeitig bei einem geplanten Dinner um 19:00 Uhr in Auckland zu sein, nahm Herr Ishii den Flug *Qantas 143* um 12:25 Uhr. Der wichtigste Geschäftsabschluss seiner Reise würde sich voraussichtlich an diesem Abend während des Dinners ergeben. Seine Ankunft am Flughafen war für 17:35 Uhr angesetzt. Er würde abgeholt werden. Die *143* setzte um 17:30 Uhr auf.

Die neuseeländischen Einreisebestimmungen sind, was Pflanzen und Tiere betrifft, nun allerdings sehr streng. Fast alle Arten dort sind endemisch und werden streng geschützt. Viele davon sind Vögel. Noch bevor Herr Ishii seinen Koffer vom Laufband neben dem Spezialgeschäft für Golfartikel holen konnte, wurde er von einem neuseeländischen Einreisebeamten angesprochen. Die nächsten zwanzig Minuten verbrachte er dann damit, die endemische Natur von seinen Schuhen zu entfernen. Die dadurch entstandene Verspätung machte ihn leicht nervös, denn nun winkte man ihn an die Seite, um auch sein Gepäck zu prüfen. Ein Fluggast vor ihm in der

Schlange war sogar in den Quarantäne-Bereich gebeten worden.

Das Ende der Geschichte: Herr Ishii kam zu spät zum Abendessen, welches man seinetwegen um 1,5 Stunden hatte verschieben müssen. Nur durch Zufall erfuhr ich später, wie es zu diesem Gesichtsverlust gekommen war. Die nächste Trainingsstunde mit ihm verbrachte ich damit, Zolleinfuhrbestimmungen für seine kommende Reise in verschiedene skandinavische Länder zu übersetzen.

Fazit:
Ich werde mein eigentlich nur <u>*kulturelles*</u> *Training erweitern müssen...*

21. Höflichkeit – überall?
(Japan)

„Die lächeln ja dauernd...“ Diesen Satz habe ich während der 25-jährigen Zusammenarbeit mit Japanern von deutschen Kollegen am häufigsten gehört. Ich fand es ein wenig schade, dass auch diejenigen, die schon lange in der Firma waren, sich nicht die Mühe machten, einmal ein bisschen mehr in die Tiefe der japanischen Mentalität zu gehen.

Ein Gespräch sollte man mit unverfänglichen Themen beginnen. Die Anreise, das Wetter und, wenn man schon länger in Kontakt ist, sich nach der Familie erkundigen. Ein gemeinsamer Golfausflug wäre auch eine gute Idee. Wichtig ist, sich langsam an das Hauptanliegen „heranzuschleichen“…

Gleich am ersten Abend wird man Sie in ein Restaurant ausführen. Sollte sich das Glas Ihres Nachbarn leeren, denken Sie bitte daran, nachzufüllen. Sich selbst nachzuschenken, gilt als grob unhöflich. Alkohol generell hat in Japan eine besondere Bedeutung. Durch seine enthemmende Wirkung löst sich die im Land ständig präsente Selbstbeherrschung und man zeigt sein wahres Gesicht. Da dies sozusagen ein Ausnahmezustand ist, ist es ungeschriebenes Gesetz, dass am nächsten Tag alles wieder vergessen ist. Anders als am Abend zuvor, ist man nun weder mit dem Chef gut befreundet, noch wird es einem jemand übelnehmen, dass Sie sich danebenbenommen haben. Das Gesicht wird wieder gewahrt. Die Gespräche werden wieder indirekt. Kritik ist vergessen, nicht eingehaltene Etikette auch.

Wie man vielleicht denken mag, haben Sie *keine* neuen Freunde gefunden – es ist *business as usual!*

Auf keinen Fall sollte man sich übrigens während eines gemeinsamen Abendessens die Nase putzen. Auch nicht dezent. Dies wird als der Gipfel der Unhöflichkeit und der schlechten Erziehung gesehen. Wenn nötig, gehen Sie kurz in den Waschraum.

Was mich eines Tages sehr verwirrte, war das Benehmen des Geschäftsmannes, der mich 1991 zu meiner ersten Reise nach Japan eingeladen hatte, um seiner Tochter zu helfen. Mit einigen Kollegen hatten wir damals meinen ersten Abend in einem Restaurant verbracht. Dort war ich seinen Mitarbeitern voller Stolz vorgestellt worden. Als zu dieser Zeit erste deutsche Mitarbeiterin in seinem Unternehmen war ich an diesem Abend „etwas Besonderes“. Diese Erinnerung nahm ich wieder mit nach Deutschland zurück.

Einige Jahre später kam er nach Hamburg, um hier einen Vortrag über die Entwicklung seines Unternehmens zu halten. Ich hörte indirekt davon und beschloss, ihn zu überraschen! Mit dieser Idee sollte ich, was die Zusammenarbeit mit Japanern anging, wieder ein wenig klüger werden.

Alles in Japan ist genauestens geplant und getaktet, Geschäftsreisen, Ausbildung der Kinder… <u>und</u> die Organisation von Vorträgen an einer Universität. Als ich zur Tür hereinkam, ging ich sofort strahlend auf ihn zu. Mich traf jedoch nur ein entsetzter Blick. Sofort wendete er mir den Rücken zu und sprach den ganzen Abend nicht mit mir. Später erfuhr ich: Ich war für den Abend nicht *eingeplant*, und die Reaktion auf mein Erscheinen nicht *einstudiert* worden.

Ich verstehe es noch immer nicht, habe es aber unter dem Stichwort „Planung" so hingenommen. Vielleicht war ich in diesem Fall sogar diejenige, die unhöflich war, denn ich hatte ihn mit meinem Auftauchen verunsichert.

Schwer für uns zu verstehen ist auch das Konzept des *giri* – der Dankespflicht! Man ist zuerst geneigt zu glauben, es sei eine freundliche Geste, aber es steckt, wie so oft in Japan, ein Zwang dahinter. Es hat Ihnen ein Kollege Schokolade geschenkt? Mindestens mit Seife oder einer Flasche Wein erwidern! Auch die Verpackung spielt eine wesentliche Rolle. Schon die

82

Schleife ist dem Anlass entsprechend zu wählen. Der wichtigste Anlass ist jedoch die halbjährliche „Geschenke-Saison" im Juli und Dezember. Im sozialen Gefüge wird jeder bedacht: Kunden, Eltern, Kinder, *Matchmaker* (Ehevermittler), jeder, dem man etwas zu verdanken hat. Es gibt viele Regeln zu beachten. Für westlich geprägte Menschen möglicherweise verwirrend: Bitte nicht zu persönlich. Nichts selbst zusammenstellen, sondern lieber etwas kaufen, von dem jeder weiß, wie viel es gekostet hat.

Jedes Geschenk (bitte nicht in Gegenwart des anderen auspacken!) bringt einen Kreislauf des Schenkens in Gang. Jedes besser als das Vorherige. Das geht so weit, dass es sogar unhöflich ist, einer alten Dame über die Straße zu helfen, denn es setzt automatisch *giri* ein. Die andere Person ist Ihnen gegenüber nun verpflichtet. Fragt man jemanden nach seinem Ziel im Leben, hört man oft: „Ich möchte niemandem zur Last fallen!"

Das andere Extrem ist, dass man in Situationen, in denen keiner zu Höflichkeit verpflichtet ist, oft grobes Verhalten beobachten kann. Die öffentlichen Verkehrsmittel als eine anonyme Gruppe sind nur ein Beispiel dafür.

Fazit:

1) *Die Wichtigkeit des Schenkens ist auf kei-nen Fall zu unterschätzen.*
2) *Höflichkeit ist nicht überall zu erwarten.*

22. Was man vermeiden sollte...
(Südkorea/Japan)

Ich denke, dass sich jeder, der eine Reise nach Südkorea plant, bewusst sein sollte, es unter keinen Umständen mit Japan zu vergleichen. Die geschichtlichen Wunden sitzen einfach noch zu tief. Obwohl heute gute nachbarschaftliche Beziehungen bestehen, ist es vor allem für die ältere Generation schwer, einen Schlussstrich zu ziehen.

Eines Tages sollte ich eine Rede über die japanisch-koreanischen Beziehungen schreiben. Stichworte waren vorgegeben, mein koreanischer Chef würde die Rede dann noch einmal überarbeiten und ich zum Abschluss Korrektur lesen. Ich ahnte nicht, was eine kurze Formulierung in meinem Text für Auswirkungen haben würde. Ich kann nicht mehr genau sagen, in welchem Zusammenhang ich ihn verwendete, jedenfalls tauchte irgendwo in meinem Entwurf der Ausdruck *Japanisches Meer* auf.

Das letzte Mal hatte ich mir in der 10. Klasse bewusst über diesen Namen Gedanken gemacht. Ich fand, dass er einen schönen Klang hatte und ihn einfach so hingenommen. Westlich von Japan gelegen, war es mir immer logisch erschienen, das angrenzende Meer so zu benennen. Was die umliegenden Länder von dieser Bezeichnung hielten, sollte ich nun lernen.

Als ich den Punkt hinter das letzte Wort meines Redeentwurfes setzte, war ich sicher, dass mein Text auch dieses Mal zur Zufriedenheit meines Vorgesetzten ausfallen würde. In der Vergangenheit hatte es diesbezüglich kaum Schwierigkeiten gegeben, und Änderungsvorschläge meinerseits waren nach eingehender Prüfung fast immer wohlwollend genehmigt worden. Nun also *Japanisches Meer*.

Als die Tür zu meinem Büro aufging, wusste ich sofort, dass irgendetwas nicht stimmte, denn unser Chef hatte mich nie zuvor dort aufgesucht.

„Die Rede ist falsch", sagte er mit einer für einen Asiaten untypisch lauten und erbosten Stimme. *Falsch*? Alle Fakten waren von mir sorgfältig recherchiert worden. Ich sagte jedoch nichts. Er zeigte wortlos auf das dick mit rot unterstrichene *Japanisches Meer*. Mein ratloser Blick musste ihm aufgefallen sein, denn er nahm sofort seine „Sie weiß es als Europäerin eben nicht besser"- Haltung ein.

„Ändern Sie das in *Ostmeer*", erklärte er.

86

„Für uns existiert kein *Japanisches Meer*! Wir akzeptieren diesen Namen nicht!"

Kein *Japanisches Meer*? Ich war überrascht. Vor allem Asien hatte mich in Geografie immer interessiert und ich war mir sicher, dass dieser Name definitiv in meinem *Diercke-Weltatlas* von 1974 stand! Wie ich jetzt jedoch durch Wikipedia erfuhr, hat jeder der Anrainerstaaten einen anderen Namen für dieses Gewässer. Die Russen und Japaner nennen es *Japanisches Meer,* in Nordkorea wird es *Koreanisches Ostmeer* und in Südkorea *Ostmeer* genannt. Der internationale Name zwischen den Ländern ist umstritten. Der Vorschlag, den Namen *Ostmeer* als gleichwertig anzuerkennen, wird bisher von Japan abgelehnt. International herrscht weiterhin der Name *Japanisches Meer* vor.

Die Tatsache, dass ich ebenfalls nie vorher den Namen *Ostmeer* gehört hatte, behielt ich lieber für mich, bot aber an, am nächsten Tag meinen alten Atlas mit ins Büro zu bringen. Meine erste Handlung des folgenden Tages bestand darin, einen Beschwerde-Brief an den *Diercke*-Verlag zu verfassen, und den Geschäftsführer zu einem Gespräch einzuladen.

Ein weiteres Erlebnis, das mich davon überzeugte, Japaner und Südkoreaner besser nicht zu verwechseln, passierte in der U-Bahn von Tokio.
Wie fast überall auf der Welt sieht man dort speziell ausgewiesene Sitzplätze für ältere oder behinderte Menschen. Eines frühen Morgens stieg am Bahnhof *Shinjuku* ein junger Mann ein und setzte sich auf so einen Platz. So grenzenlos überfüllt wie die Bahn täglich war, sah man ihm seine Freude, noch einen Platz ergattert zu haben, deutlich an. Er wirkte müde, und wahrscheinlich hatte er am Abend zuvor mit Kollegen längere Zeit in einem Restaurant verbracht.

„Guck mal, der Koreaner da kann nicht lesen“, sagte plötzlich ein älterer Fahrgast und zeigte für Japaner eher untypisch mit dem Finger auf den jungen Mann. Dieser errötete tief und sprang sofort auf. Sein brauner Aktenkoffer polterte auf den Boden und der Verschluss löste sich. Hastig schob er die herausgefallenen Papiere wieder hinein, hob ihn auf, und drängelte sich in Richtung Tür. Die anderen Fahrgäste rückten so weit wie möglich mit fast angeekeltem Blick von ihm ab. An der nächsten Station konnte er nicht schnell genug aussteigen…

Sehen Sie, was ich meine? Nicht nur, dass er die Regeln nicht eingehalten und sich auf diesen ausgewiesenen Platz gesetzt hatte, vor allem durch den Vergleich mit einem Koreaner hatte er vor den gesamten Fahrgästen das „Gesicht verloren".

Die Abwertung der Koreaner in Japan, in diesem Fall durch den älteren Fahrgast, ist leider noch in vielen Situationen zu beobachten...

Fazit:

1) *Auf keinen Fall die beiden Nationalitäten vergleichen.*
2) *Historische Probleme immer beachten.*

23. Klein, aber fein – die Visitenkarte
(Japan)

Einer der wichtigsten Schritte für einen erfolgreichen Geschäftsabschluss und Ihnen eventuell bekannt, ist die korrekte Übergabe der Visitenkarte (Meishi). Aus westlicher Sicht wird dieser Tatsache noch immer zu wenig Beachtung geschenkt, aber auch hier sind es wie so oft die Kleinigkeiten, die im Leben Situationen entscheiden.

Man sollte sicherstellen, dass die eigene Karte absolut makellos, nicht geknickt oder beschrieben ist. Zum Überreichen nehmen Sie sie bitte in beide Hände und händigen sie mit Blick auf die Karte aus. Ihr Gegenüber wird dies ebenfalls tun, sodass in Sekundenschnelle entschieden werden kann, wer der im Rang Höherstehende ist. Dementsprechend wird die Begrüßung sofort dem sozialen Verhältnis der beiden zueinander angepasst. Für Japaner untereinander gibt es einen genauen Regelkatalog, wer sich in dieser Situation wie tief vor wem zu verbeugen hat.

Die Karte sollte dann ehrfürchtig weggesteckt werden. (Bitte nicht in die Hosentasche, auch wenn Sie dort Ihr Portemonnaie haben!). Stecken Sie sie am

besten in die Innentasche Ihres Anzuges. Sehen Sie
ebenfalls davon ab, für Sie eventuell noch wichtige
kleine Zusatzinformationen auf der Karte zu vermer-
ken! Es wäre auf alle Fälle sinnvoll, Ihre Karte auf der
Rückseite Japanisch bedrucken zu lassen. Ein kleines,
extra für Visitenkarten vorgesehenes Etui ist ebenfalls ein winziger Schritt in Richtung eines gelunge-
nen Geschäftsabschlusses.

Fazit:
*Die Wichtigkeit der Visitenkarte ist nicht zu unter-
schätzen.*

24. Spülmaschinen verbinden
(Südkorea)

Ja, Sie haben richtig gelesen – Spülmaschinen.

Donnerstags war in der Nähe unserer Niederlassung immer Wochenmarkt. Eines Tages beschloss die gesamte Belegschaft, sich dort zum Mittagessen Hähnchen mit Pommes zu besorgen. Der Chef war geschäftlich unterwegs, sodass wir ruhig die Mittagspause ein wenig verlängern konnten. Sogar Vize-Chef Kim freute sich, dabei zu sein. So machten Herr Kim (Verwaltung) und ich uns also auf den Weg. Insgesamt waren wir nun dafür zuständig, acht Tüten Hähnchen mit Pommes mitzubringen. Ketchup und Mayonnaise hatten wir im Büro.

Die Schlange war dann doch länger, als wir gedacht hatten, aber wir hatten ja durch den Termin des Chefs etwas mehr Zeit. Es war ein strahlender Sommertag und der Markt um 12:00 Uhr mittags sehr belebt. Über dem Fischstand kreisten die Möwen.

Als wir schwer bepackt zurückkamen, hatte die Buchhalterin bereits alles vorbereitet. Servietten lagen bereit, zwei volle Kaffeekannen standen auf dem Tisch. Auch Suppe vom Vortag war noch da. Die Dame aus dem Empfang hatte einige Tische und

Stühle zusammengerückt. Ich freute mich auf ein geselliges, gemütliches Beisammensein.

Gerade hatte ich mein Hühnchen hochgenommen und zweimal darauf gepustet, als Herr Kim (Verwaltung) aufsprang. Fertig. Alles alle. Er stürmte wieder ins Büro. Auch die anderen aßen vor allem die Suppe beachtlich schneller als ich und verschwanden dann. Meinen physikalischen Kenntnissen zufolge musste sich vor allem Herr Kim ordentlich die Speiseröhre verbrüht haben.

„Wieso essen Sie denn alle so furchtbar schnell?", fragte ich, als die Buchhalterin anfing, die Küche aufzuräumen. Den Grund erraten Sie nie. Verstehen vielleicht: Im Krieg musste die koreanische Bevölkerung jederzeit damit rechnen, dass die feindlichen Truppen plötzlich vor der Tür standen. Hatte man „Glück", wurde nur das Haus geplündert und angesteckt, die Unglücklicheren wurden als Kriegsgefangene mitgenommen. Man wollte deshalb jederzeit sicher sein, dass man wenigstens mit vollem Bauch abgeführt wurde, wer weiß, wann man wieder etwas bekommen würde… Diese Gewohnheit schien bis heute verinnerlicht zu sein. Ein wenig bedrückt ob dieser wenig erfreulichen geschichtlichen Tatsache, half ich, die Spülmaschine einzuräumen.

Zwei Stunden später: Die Spülmaschine war fertig. In den mir bekannten westlichen Unternehmen ist dies kein Grund zur Freude, denn es wird unweigerlich ein stiller Kampf darum entbrennen, welcher Pechvogel sie nun ausräumen muss. Nicht so in Südkorea.

Alle sich in dem Moment in der Küche befindenden Kollegen scharten sich um die geöffnete, noch dampfende Maschine, entnahmen Teller und Tassen, und reichten Sie wortlos weiter bis zu demjenigen, der am dichtesten am Geschirrschrank stand. Hier griff wieder das Prinzip des absoluten Gemeinschaftsgefühls. Keiner wollte zurückstehen und womöglich dadurch auffallen, sich nicht an dieser unbeliebten Tätigkeit zu beteiligen. Die Gruppe zählt! Immer und überall!

Fazit:
a) Egozentriker gibt es selten.
b) Geschichtliche Zusammenhänge und deren Auswirkungen sind zu berücksichtigen.

25. Schuhe
(Japan)

Ok, Schuhe. Die Problematik mit den Schuhen in asiatischen Ländern generell und in Japan im Besonderen, ist, glaube ich, weltweit bekannt. Schuhe gehören abgesehen von den Haus-Slippern (*Suripa*) nicht ins Haus. Punkt. Sollten Sie als *Expat* länger in Japan bleiben, halten Sie sich bitte unbedingt daran! Wie absolut diese Regel im Land ist, wurde mir erst klar, als mir ein englischer Bekannter, Mike, folgende Geschichte erzählte:

Sein japanischer Mitbewohner hatte versucht, sich das Leben zu nehmen. Mike war eines Abends nach Hause gekommen und hatte ihn bewusstlos vorgefunden. Die sofort gerufenen Rettungssanitäter waren schnell vor Ort. Sie stürmten die Treppe hinauf in den 2. Stock, wo sie sich vor dem entsetzten Mike erst einmal schnell noch – richtig – die Schuhe auszogen! Der Mitbewohner hat überlebt.

Aber auch im Haus geht das Abenteuer weiter. Ich spreche von den in jedem Haus vorhandenen Toiletten-Slippern. Wie der Name schon sagt, sind sie ausschließlich für die Toilette gedacht, und wehe dem, der nach dem Toilettengang vergisst, sie wieder gegen die normalen Haus-Slipper zu tauschen! Den entsetzten Blick werden Sie nicht mehr vergessen.

Vielleicht hatte ich während meiner Zeit mit den Japanern über dieses Thema nie genug nachgedacht, aber als Sato-*san* plötzlich eines Tages in seinen „Slippern" in Form blauer Badelatschen im Büro vor mir stand, war ich für einen kurzen Moment sprachlos. Sofort fasste ich mich jedoch wieder. Überraschend kam es für mich eigentlich nicht, dass sogar im Büro leichte Hausschuhe bevorzugt werden. Kombiniert mit einem perfekt sitzenden Maßanzug und edler Krawatte ist es aber doch zumindest im ersten Moment ein ungewöhnlicher Anblick.
Be prepared.

Fazit:
    1) Das Klischee trifft 100%ig zu.
    2) Expat = In Japan arbeitender Ausländer.

26. Tony?
(Japan)

Wie man in Japan an Dinge herangeht, ist, wie Sie nun bereits wissen, für uns manchmal etwas befremdlich. Auswendig Gelerntes wird gerne direkt übernommen, sodass zum Beispiel beim Erlernen einer Sprache die Grammatik zwar zu hundert Prozent sitzt, sie jedoch oft nicht aktiv im Sprachgeschehen angewandt werden kann. Dies sollte ich während meiner Zeit in Osaka lernen, wo ich in einem kleinen Unternehmen eines japanischen Bekannten einige Zeit Englisch unterrichtet habe. Die Wahl des Unterrichtsmaterials wurde mir überlassen. Nach meinen Informationen hatten alle Mitarbeiter bereits einige Jahre Erfahrung. Ich wählte deshalb ein kleines DIN-A5-Büchlein, das Situationen des täglichen Lebens beschrieb. Fast schon ein wenig zu einfach, dachte ich. Optimistisch betrat ich den Konferenzraum, wo sich bereits alle versammelt hatten. Es handelte sich um eine Gruppe von neun Männern.

„Hello, my name is Dorothee", begann ich zuversichtlich. Jeder stellte sich daraufhin auf Japanisch kurz vor. Nach dem obligatorischen Smalltalk konnte es endlich losgehen.

„His name is Tony“, begann ich und zeigte auf den Protagonisten im Buch.

„What's your name?“, wandte ich mich an den mir am nächsten sitzenden Angestellten.

„My name is Dorothee“, wiederholte ich.

„My name is Tony“, kam die Antwort von dem Herrn zu meiner Linken, wie aus der Pistole geschossen.

„No, your name is…“, korrigierte ich, zu diesem Zeitpunkt noch geduldig.

Ah, ok. Ein wissendes Nicken seinerseits ließ mich aufatmen. Der nächste bitte.

Ich: „What's your name?“

Mitarbeiter 2: „My name is Tony.“

Ich: „?“

Aber man kann ja mal was falsch verstehen, dachte ich. Der Nächste bitte.

Ich: „What's your name?“

Mitarbeiter 3: „My name is Tony.“

Ich: „??“

Nach Mitarbeiter Nummer vier begann ich an meiner Unterrichtsmethode zu zweifeln. Den genauen Ablauf der Stunde kann ich nicht mehr sagen, es lief jedoch darauf hinaus, dass alle Tony hießen.

Verstehen Sie, was ich damit sagen möchte? Wenn im Buch steht: „My name is Tony“, wird es wiederholt. Der Denkansatz dahinter ist der, das auswendig Gelernte wiederzugeben, statt selbständig und kritisch zu hinterfragen, was man in welchem Zusammenhang gelesen oder gehört hat, und dann richtig anzuwenden. Diese Art zu denken, nämlich vorgegebenes Wissen zu imitieren und exakt so zu wiederholen, ist ein Grund dafür, weshalb sich Japaner mit Sprachen so schwertun – andererseits aber in anderen, eher faktenbasierten Dingen, zum Beispiel in der Wirtschaft, so erfolgreich sind.

Fazit:

1) *Sprachen werden gedanklich anders „konstruiert".*
2) *Wichtige Aussagen immer sprachlich hinterfragen.*

27. Meetings – die Zeit…
(Japan)

„Die reden, das ist nicht zum Aushalten! Alle sagen
das Gleiche und nichts kommt dabei raus!"

Diesen Satz habe ich von jedem meiner Kollegen
mindestens einmal gehört. Jeder, der eine Konferenz
mit Japanern plant, sollte sich darauf gefasst machen,
dass es seine Zeit dauern wird. Sätze wie „Lass uns
das Meeting kurzhalten, ich muss zum Flughafen!",
oder Ähnliches, sind in diesem Fall nicht realistisch.
Die Gründe werden aus westlicher Sicht nicht nach-
vollziehbar sein. Nehmen Sie es einfach so hin. Die
Hierarchie und die immer erwünschte Gruppenkon-
formität spielen hier eine große Rolle. Macht jemand
einen Vorschlag, werden erst einmal alle Anwesen-
den zustimmen. „Warum stimmen die eigentlich alle
gleich zu? Dann brauchen wir auch kein so langwieriges Meeting!" Eine echte Diskussion aufseiten der
Japaner wird nicht entstehen, man wird irgendwann
dem Geschäftsoberhaupt zustimmen. „It needs to be
discussed" bedeutet nur eins: Warten.

Obacht: Wie schon erwähnt, sollten Sie einen unauf-
fälligen Zischlaut sehr genau zur Kenntnis nehmen.

Die Luft wird dabei zwischen den Zähnen eingesogen und kurz angehalten, bevor wieder ausgeatmet wird. Er kommt einem kurzen Schmerzenslaut (an der Herdplatte verbrannt) am nächsten. Im Laufe eines Meetings bedeutet er nichts Gutes, sondern ein kräftiges NEIN und absolute Ablehnung. Da auch hier ein weiteres Vorurteil bestätigt wird (die Japaner sagen nie „Nein"), sollte man hierauf besonders achten. Vielleicht wurde sich nur im Ton vergriffen, vielleicht kommt Ihr Vorschlag nicht gut an, vielleicht haben Sie zu stark Kritik an etwas geübt… Viele Gründe sind möglich.

An dieser Stelle möchte ich auch einmal kurz auf die Accessoires eingehen: Legt der Geschäftsführer unauffällig sein Feuerzeug oder einen anderen nicht zur Situation passenden Gegenstand auf den Tisch, ist für ihn das Meeting beendet. Er befindet sich bereits im geistigen *Off* und wird das formvollendete Beenden der Konferenz seinen Untergebenen überlassen. Jede weitere Mühe seitens des westlichen Geschäftspartners ist in diesem Moment absolut unnötig. Es wird nun eine schwierige Aufgabe sein, herauszufinden, wo das Problem lag, denn auch hier wird man sich mit negativen Äußerungen zurückhalten. Fassen Sie sich ab diesem Moment kurz, und bitten Sie eventuell um ein Folgemeeting. Sollte es nicht dazu kommen, ist eine abschließende Besprechung mit nur einem der Untergebenen als Gesprächspartner ein guter Abschluss, bei dem alle das Gesicht wahren.

Die Wahrscheinlichkeit, abends in ein *informelles* Meeting, nämlich in ein Restaurant eingeladen zu werden, ist groß. Sollte es sich um eine *Karaoke*-Bar handeln, wird erwartet, dass Sie kräftig mitmachen. Seien Sie vorbereitet, und üben einige der gerade aktuellen Songs ein. Auf alle Fälle aber mindestens einen in Ihrer Landessprache! Der Alkohol wird Ihre Geschäftspartner ein wenig lockerer machen, auf keinen Fall sollte man daraus wie bereits erwähnt den Rückschluss ziehen, man hätte nun neue Freunde gewonnen! Am nächsten Tag wird alles vergessen sein und *business as usual*.

Als Gastgeber im eigenen Land sollte man auf jeden Fall ein edles und teures Restaurant für solch ein „Meeting" wählen, um die Wichtigkeit des Geschäftspartners hervorzuheben. Auch an der Größe eines Restaurants sind schon Verhandlungen gescheitert!

Fazit:
   1) Geduld ist die wichtigste Voraussetzung.
   2) Karaoke sollte nicht unterschätzt werden.

Zusammenfassung

Man mag sich fragen, wie es eigentlich dazu kommt, dass man in Japan so freundlich und diszipliniert ist. Einer der Gründe hierfür ist die räumliche Begrenzung. Japan ist nicht nur eine Insel, sondern auch teilweise sehr gebirgig, was nur relativ wenig Platz für die Bevölkerung lässt. Bei vielen Menschen auf engem Raum sind Anpassung und Harmonie überlebenswichtig. Diszipliniert ordnet man sich der Gruppe unter. Auf die Frage, zu welcher Schicht man sich gehörig fühle, wird auch die gutverdienende Anwältin mit „Mittelschicht" antworten.

Gut funktionierende Gruppenarbeit, nicht durch Kündigungen gestört oder unterbrochen, bedingt den Erfolg japanischer Unternehmen. Persönliche, offene Ecken und Kanten werden abgeschliffen, um Streit zu vermeiden. Wer heraussticht und auffällt, wird oft ignoriert. Eigene Leistungen oder Ideen werden nicht hervorgehoben, sondern oft versteckt. Wer anders handelt, ist ein *Hen na hito* – ein seltsamer Mensch. Für Ausländer gibt es den Begriff *Hen na gaijin* – der seltsame Ausländer –, den Inbegriff des „Andersseins"! Für Abweichungen besteht wenig Toleranz.

Das Zeigen von Gefühlen wird von den anderen als Belästigung empfunden.

Gereist wird nur in der Gruppe! Wer allein im Inland reist, bekommt oft kein Zimmer! Ebenfalls firmenintern ist die Gruppe alles. Das Individuum ist allein unsicher. Die Sitte, sich häufig zu entschuldigen resultiert daraus, dass sich niemand hervortun möchte. Eine in Tokio wohnende deutsche Freundin fasst es so zusammen: „Die entschuldigen sich sogar dafür, dass sie geboren sind."

Freundschaftlicher Kontakt mit Ausländern wird nicht aktiv gesucht. Man wird zwar öfter gefragt werden, ob ein Foto von Ihnen gemacht werden darf oder *„Can I improve my English with you?"*, darüber hinaus wird es aber oft nicht gehen. Ich habe dutzende Japaner in deutscher Kultur und Sprache unterrichtet (hier in Deutschland), nur von einer einzigen Familie wurde ich jemals auf freundschaftlicher Basis nach Hause eingeladen! Falls dies doch einmal vorkommen sollte, denken Sie bitte unbedingt an ein entsprechendes Geschenk! Vor allem die ältere Generation tut sich mit Ausländern schwer.

Auch Höflichkeit wird anders definiert. Hier steckt ebenfalls wieder der Gedanke dahinter, nicht durch schlechtes Benehmen auffallen zu wollen. Generell nehmen japanische Arbeitnehmer ungern Urlaub, egal ob im In- oder Ausland. Man lässt seine Kollegen im Stich oder verpflichtet jemanden, Pakete entgegenzunehmen oder ein Haustier zu versorgen. Männer orientieren sich sehr an ihrem Job. Man geht zusammen essen, zum *Karaoke*, spielt zusammen Golf und macht zusammen Überstunden, denn die Firma spielt im Leben eines Japaners eine übergeordnete Rolle. Sie sorgt für gute „Einarbeitung" (schon fast Erziehung) und übernimmt meist vor allem im Ausland die Miete oder Clubmitgliedschaften. Das Arrangieren von Ehen durch Vorgesetzte für engagierte Mitarbeiter ist durchaus üblich. Dafür ist der Arbeitnehmer absolut loyal – und das lebenslang. Die immer gleichbleibende Belegschaft ist eine geschlossene, harmonische Gruppe mit hoher Moral. Eine WIN-WIN Situation für beide Seiten. In ein anderes Unternehmen zu wechseln, ist fast unmöglich.

Frauen orientieren sich eher an ihren Kindern und deren schulinternen Aktivitäten. Hier nimmt bereits die Schule die Stelle der zukünftigen Firma ein, indem der Unterricht bis weit in den Nachmittag hinein reicht, viele Workshops angeboten werden und am Abend noch Nachhilfeunterricht ansteht. Es besteht ein hoher Stresslevel, der leider schon hier zu einer nicht unerheblichen Anzahl von Suizidfällen führt. In der Schule arbeitet man nicht auf die Abschlussprüfung hin, sondern auf die Eintrittsprüfung an einer renommierten Universität.

Arbeitgeber rechnen von Anfang an damit, dass eine neue Angestellte nur bis zur Familiengründung zur Verfügung stehen wird. Eine der wenigen Frauen, mit denen ich in engeren Kontakt kam, vertraute mir an, dass sie praktisch ein Leben ohne Ehemann führe… Diese Tatsache wurde mir erst letztes Weihnachtsfest, welches sie nur mit ihren Kindern feierte, wieder traurig von erwähnter Freundin bestätigt.

Obwohl Südkorea und Japan aus geschichtlichen Gründen nicht verglichen werden sollten, ist es schwierig, dies nicht zu tun, denn in gewissen Bereichen sind Parallelen unübersehbar. Auch in Südkorea gilt das Senioritätsprinzip, um nur ein Beispiel zu nennen. Der Respekt vor Älteren, Eltern oder Lehrern ist sehr groß. Da oft beim ersten Kennenlernen, die Hierarchie nicht klar erkennbar ist, ist man zu Anfang zurückhaltend und höflich. Auch ist, wie in Japan, das Kollektiv in Südkorea wichtiger als das Individuum, Harmonie wichtiger, als eigene Meinungen standhaft zu vertreten oder sogar durchzusetzen. Das Inbild an Harmonie war für mich das gemeinsame Ausräumen der Spülmaschine (Kapitel 24), einer relativ unwichtigen Tätigkeit…

Die Republik Korea hat sich seit den 1960er-Jahren wirtschaftlich von einem der ärmsten Länder der Welt zu einer wichtigen Industrienation entwickelt. Hierauf ist man sehr stolz. Westliche Angewohnheiten bedeuten jedoch nicht, dass auch die Gesellschaft dem Westen stark ähnelt. Das Konzept des „Gesichtverlierens" ist nicht so stark ausgeprägt wie in Japan. Koreaner sind deutlich emotionaler und extrovertierter. Ein perfektes Beispiel hierfür ist mein Kollege Herr Kim (Verwaltung), der während meiner Zeit im Unternehmen (und sicher heute noch) immer begeistert, laut und optimistisch durch ein manchmal schwieriges Arbeitsleben geirrlichtert ist.

Japan, Südkorea und die westliche Welt könnten nicht unterschiedlicher sein, doch ich bin froh um alle Erfahrungen, die mich dessen Bewohner gelehrt haben. Auch wenn ich nicht mehr jeden Tag über meine Zeit im japanischen oder koreanischen Umfeld nachdenke, haben mich doch einige dieser „Abenteuer" geprägt. Mir bleibt nun nichts anderes übrig, als Ihnen eine interessante, nicht zu verwirrende Zeit in einem oder sogar beiden dieser Länder zu wünschen. Sie haben einiges vor sich – das verspreche ich Ihnen!

Mein persönliches Fazit ist:
Die *Denkweise* sowohl in Japan als auch Südkorea ist im Vergleich mit westlichen Ländern eine komplett andere und dessen sollte man sich immer bewusst sein.

Alles Übrige kann man lernen.

ANHANG

A)

Terra		Teller
Schingaporu	Singapore	Singapur
Kohi	Coffee	Kaffee
Schidoni	Sydney	
Gorufu		Golf
Seta	Sweater	Pulli
Aisukurimu	Icecream	Eis
Sakka	Soccer	Fußball
Bisa	Visa	
Hansamu	handsome	gutaussehend
Sabissu	Service	

B)

Godschiera	Godzilla
Kashio	Casio (Gründer: Tadao Kashio)